JCOPY 88002-178

この本を手にされた方に

この本の目的は、「心の臨床」の基礎にある考え方を示すことである。

私は既に、初心者向きに、「面接法」など、幾つかの本を書いた。それを読んだ方から、その背後にある「考え方」を、もっと、詳しく書いて欲しいと要請があった。

もはや、「心」とは、「人」とは、そこから書かないと読者は納得しない。

読者が、そのように望むことは、私にはうれしいことである。それ故に、読者が興味をもって読めるように書いた積りである。しかし、私にとっても言葉にしがたい深い水準で書くのであるから、難解な表現も多々ある。むしろ、読者が、その難解な部分にこそ、「心」の膨大な神秘を発見し、臨床に新たな関心をもっていただけたならば、この本の目的は達せられる。

この本の読者は、医師、臨床心理士、看護師・保健師、社会福祉士、それを専攻する学生、及び、それを教える人たち、更には、心に関心がある方たちである。

二〇一四年一月一日

熊倉伸宏

目次

はじめに

「心」とは何か。

そう問うこと自体を、心の科学は忘れたのだろうか。

「何か」と問わずに、「如何に」とだけ問う。「心とは」と問わずに、「如何に」とだけ問う。それが科学であると、何時から、人は信じたのだろうか。心の臨床では、心への問、人間への問、生死への問が、最も頻繁に問われる。それは当然のことである。

それでも、生きる理由を問うのは人間の証ではなくて、疾病の病理だというのだろうか。

近代科学の発生からフロイトの時代までは、「何か」と問うことを人は恐れなかった。しかし、心が近代科学の英知を遙かに超えたものと知った時、人は、心への問を立てなくなった。職業科学者が増えるにつれて、皮肉にも、心の科学から問が失われた。

臨床で「何か」と問わなければ、「心」は見えない。その問を再発見するために、一度は、近代科学以前の知恵に戻ってみたい。東洋と西洋の二大思潮の中で、もう一度、「心とは何か」という問を再発見したい。そう私が思っても、読者は理解するであろうか。

JCOPY 88002-178

現代人、つまり、「私」にとって、「心とは何か」。それが本書のテーマである。
つまり、これは、「心の臨床」の総論の試みである。

JCOPY 88002-178

第一部　心とは何か

第一章　心の臨床とは何か

1. 「心」とは何か

「心の臨床」が、私の能力を遥かに超えたものであると気付くまでに、十年はかかったろうか。

初めての自殺例も体験した。この私でなければ、彼は助かったかもしれない。そこに生き残る臨床家はイカサマ師か。そのようにも考えた。当時、私を支配していたのは、ただ、無力感と後悔であった。不可能な職業を選んだ自分が愚かだった。そして、この不可能な職を、何時、辞めようかとのみ、考えていた。

今は、おもう。

膨大な内なる自然、つまり、「心」。その圧倒的な自然の前で、いかに人間が無力であるか。それを私に教えてくれたのは、この生業であった。臨床での痛みが私に教えてくれたものは、愛おしい人間の姿だった。

初冬の夜明け前、これを書く私の目に、一つの流れ星が飛び込んできた。そのように、はかなく

JCOPY 88002-178

も、感動的なもの。それが人間だった。臨床で出会う人たちは苦痛の中でこそ、自分では気付かなくとも、キラキラと輝いていた。彼ら、彼女らは臨床家としての私に助けを求めながらも、実は、私に、何が大切かを教えてくれた。「人は何故、生きるか」、「なぜ苦しむか」。私は彼らと、実に、多くのことを話し合った。

本書では、私が体験した出会いの大切さ、楽しさを、先ずは、読者に知っていただきたいとおもう。臨床的出会いが臨床家に対して持つ意味。それを自ら気付かないことこそが恐ろしいことだった。今、私は臨床での多くの出会いに、そして、痛みに心から感謝している。そうおもう私が、今はいる。

そのような変化の過程で学んだことを、本書に書く積りである。

臨床を、人を、恐れることはない。

臨床の困難に気付き、痛みを知った臨床家たちに、そのようなメーセージを送るべく、本書を書いた。そのような方にこそ、臨床にとどまって欲しいからである。

さて、臨床学習とは何か。

学習とは、先ずは、模倣である。「何か」をコピーすることである。

臨床家とケースの初めての出会いは、日常的な挨拶から始まる。

先ずは、相手の姓名、職業、住所を確認する。そして、臨床家自身の名前、臨床資格（職種）、勤務日等、必要な情報を伝える。自己紹介の後で、私は、「よろしく」と一言、添えることが多い。そして、問う。

「あなたが、ここに来た理由は何ですか」

これだけのことでも、出会いの変化は、実に、多彩である。それに対応するために、臨床家は「著名な名」や臨床指導者の言葉から、多くを学ぶ。しかし、そのように学んだ言葉を用いても、臨床の実際では予想された反応は起きない。人が異なり、場が異なれば、言葉の力も異なる。実は、そこが大事なのである。人間の「知」では捉え切れないものが、「心」である。それが人である。

それでは、私たちは、一体、「何を」、如何に、学べば良いのか。

精神療法の指導を受けているうちに、指導者と、話し方や身振りや服装まで似てくることがある。すぐれた師に恵まれた人は、一度は、これに近い体験をするであろう。しかし、大抵、こうなると学習は暗礁に乗り上げる。形だけ真似ても、「心」が伴わない。つまり、個人崇拝は「知」の放棄だからである。

私が精神療法の指導をしていただいた土居健郎先生は、私がコピーしても及ばない人柄であった。それに気付くには、長い時間は不要であった。つまり、師の「心」をコピーするのは不可能であった。しかし、その不可能な処にこそ、私なりの「知」の技法を発掘するように励ましてくれたのは、他ならぬ、土居であった。

模倣が明らかにするのは、模倣不可能な処こそが大事だということである。模倣可能と不可能のダイナミズムにこそ創造がある。

その学習過程を、私は本書で、可能な限り言語化しようとおもう。

要するに、「技法」を学ぶとは、「心」についての「考え方」を学ぶことであった。先達が、如何に、「心」を、「人間」を捉えているか。見掛けのハウツウではなく、彼らの「考え方」を学ぶ他にない。私にできることは、土居の「考え方」を調べ尽くすことであった。しかし、ここに、重要な落とし穴が見えてきた。実は、土居といえども、自分の中にある臨床の「知」が如何なるものかを、自力で言葉にできるとは限らなかった。むしろ、師が言葉にできない「知」を学びとり、それを言葉にすることこそが、臨床を学ぶことであった。師から模倣するのが不可能な処にこそ、学ぶ者の創造が求められた。それこそが、土居の臨床指導の真髄であった。

「知」の技法。臨床で役に立つ、「心」の捉え方。
それを支える思想性、乃至は、精神性。それが本書のテーマである。
読者が、自分自身の無意識を発掘する契機になれば幸いである。

土居との対話の中で、私の思考が馴染んでいた思潮が、自ずと、見えてきた。先ずは、プラトン・アリストテレスで代表されるギリシャ哲学からデカルト・カントの近代哲学、実存哲学、さらには、プラグマティズム、ポストモダンの哲学という系譜である。そして、フロイトから土居健郎へ、ヤスパースから石川清へ。その流れで、私の臨床的思考をも捉えられるとおもうようになった。

しかし、学ぶほどに、私の中にも、彼ら先達の論文の中にも、もう一つの無視しがたい思考の系譜が隠されていることに気付いて驚いた。

再発見したのは、インド、中国から日本に至る、もう一つの潮流。釈迦、老子、孔子から空海を経て明治維新に至る東洋思想の潮流であった。空海から精神科医の森田正馬へ、そして、森田から、同じく精神科医の土居健郎へ。私でなくとも、心の大切な問題になると、漢文や古文をおもうのが、この文化圏に生を受けた習い性である。それは私の土着性、つまり、私が日本人であるという所与と関係している。そのような「私」を捉えなければ、臨床の「心」は見えない。そう私がおもっても、読者は同意してくれるとおもう。

西欧思潮と東洋思潮の二つの潮流は、明治維新の文明開化によって重なった。その当たり前のことを、私自身が気付かずにいた。研究者として、臨床家として、何と不注意であったか。この二重の思想性を、日本人である「私」は無意識的に使い分けていた。森田も土居も同じである。むしろ、英米の友人の方が、それを鋭敏に感知した。私の思想の背景に関心を持ってくれた。そのような思考の二重性を「一なるもの」として素直に受け止め、直視すること。そこにこそ、真にグローバルなものが見えてくる。それが、ここでの基本的な仕事である。

そして、実に、現代の臨床家としての「私」の中にこそ、二つの思想史は矛盾なく合理を超えて併存していた。異なった二つの潮流が互いに他を否定し尽すことなく一つとなること、まさに、両者は、「一にあらずして異ならず」、つまり、「不一不二」であった。

本書では、「心」の正体、「不一不二」なるものについて考える。

そして見えてきたものがある。それは、私自身、気が付かなかったものである。つまり、私自身が置かれた時代精神ともいうべきものである。

現代の医学界、特に、精神医学界に身を置いたものにとっては、専門書で東洋的思潮を取り上げることは恐ろしいことだった。何故ならば、科学に身を置く者は宗教・思想などの価値観から中立的でなくてはならない。

臨床家も、又、同じであった。

心の臨床家も、又、価値中立的でなくてはならない。

実は、価値中立性を謳う西欧の理論も価値中立ではなかった。人が価値を失うことは、「生」を失うことである。それでは、多様な価値を大切にしながらも、なおも、心の臨床家が負うべき価値中立性とは何処にあるのか。臨床家は、何時も、ここで思考を停止した。

多様な価値とかかわりながらも、価値中立にとどまること。この一見、不可能な目的を達成するために、本書で私は、東西の巨星たちと再び出会う。「知」の巨人たちと出会うことに、何の気後れもいらない。何故なら、彼らこそが、この不可能な歩みの、道案内をしてくれる人だからだ。

2. 人を「分かる」ということ

面接では意外性の体験に導かれて、新しいストーリーを紡ぎ出す。

これは、「面接法」という本で、人を「分かる」ということを説明して、私が書いた文章である。ここでは、この一文を、症例にそって、さらに、詳細に深めることにする。

心の臨床を支えるのは、技法と論理である。技法は論理と共にある。技法のみをコピーしても、そこに秘められた「心」を学ばなければ、それは有害ですらある。「心」を学んでも、そこに、実際的な技法がなければ、臨床家にはなれない。つまり、技法を学ぶことと、「心」を学ぶことは、異なっているが、同時に、一つでもある。ここにも、「不一不二」がある。

つまり、本書では、技法と論理の接点を、私なりに限界まで描き出し、考察する。この意味では、本書では「面接法」で書けなかった「深み」を、さらに言葉にしたい。読者も、私と共に、心の探求者となった積りで、読み進めていただければ幸いである。

症例は、実際のものである。本人の了解を得て、一度、他に書いたものである。本人を同定できる情報は一切、排除してある。つまり、ここでの書き方は専門論文や症例報告を書く参考にはならない。若い臨床家の方は、その積りで読んでいただきたい。

私が、ある外来で出会った、反復する抑うつ状態を病む患者さんである。突然、その患者さんが悲しげに「猫が死んだ」と言う。ペットロスで鬱になる。それだけの話である。

しかし、言葉にはいつも影が在る。

それが「響き」として人に伝わり、人を動かす。一冊の本を書けば、そこに万巻の行間ができあがる。十七文字の俳句を作れば、語られない全ての言葉は影に収められる。人の一言の影には、その人固有の人生が秘められる。

失われていく猫の「温もり」。彼女の手には、まだ、その感覚が、あったのだろう。

彼女はつづけた。

「私は別れに耐えられない人なのです」

この御婦人は、若くして夫を自殺によって失った。自分を責めたに違いない。自分の無力を思い知らされ、天を恨んだに違いない。しかし、子供たちを立派に育て上げて、今は、子供たちに感謝されるまでになった。

しかし、反復する鬱だけが残された。

一寸、間を置いて、彼女は話し始めた。

「夫の指が私の首に掛かる。温かいなとおもう。そして、私は、『殺していいよ』という。このまま、私は逝くのだなとおもう。私の意識が薄れたとき、夫は指の力を抜いた」

「温もり」を失うこと。彼女が語るべきは、このことだった。

『ご主人は子供さんを貴女に委ねたのですね。愛していたのですね』

私は、反射的に、そう答えた。

「ええ、愛していました。今も、愛しています」

命の言葉に対して、私はいつも返す言葉を持たない。確かに、痛み故に、人は人になるのだとおもう。見事な人生だともおもう。そのことを彼女に伝えたいとおもう。しかし、人格者がいうような言葉は私には似合わない。

『このような大切な話を聞いて、こんな言葉しか言えないのは失礼かもしれないが……。ごちそうさま！』

そう応えると、突然、彼女の笑顔が輝いた。

何時ものように、今回も、励まされたのは治療者の私であった。その感謝を人にも分かちたいと思い、御婦人の代筆のつもりで、これを書いた……。

この臨床で、私が何を考え、何をしたか。何故、「ごちそうさま」という、失礼にもなりかねない言葉を、敢えて、口にしたのかを、私自身が分析してみよう。

私は臨床経験だけは長い。その私が、何を見て、如何に考えたか。それを聞く機会は、若い方にはないとおもう。しかし、当然のことを、先ずは、お断りしておきたい。私の臨床的対応が正しいというものでもないし、他の治療者にとって、同じ会話が成立するはずもない。つまり、ここでの私の対話をコピーして、真似をすれば、危険なだけである。ハウツウを学ぶ危険はここにある。それでも、この報告は、臨床の言葉が如何に生まれるかを如実に示して、分かりやすい。それ故に、ここに提示した。

この対話の背景を説明する。

この御婦人は転居に伴って、私の外来を受診した。先に述べたように、彼女は夫を失って、既に数十年の年を経ている。その間、見事に子供たちを育て上げた。既に、前医によって安定剤も定まり、彼女は見事に逞しく生き抜いてきた。それ故に、初診時の抑うつ状態は一過性に過ぎる、と私は予測していた。「強く逞しく生きた」。このストーリーが、当初の私の症例理解であった。

それ故に、診察では、東京の下町歩きの穴場は何処がいいとか、ごく日常的で、オタク的な会話を楽しんでいた。そして、又、竹喬が描く海の色が美しいとか、玉堂の奥多摩が懐かしいとか、そんな茶飲み話が彼女は好きであった。そして、実際に、彼女は元気になった。

つまり、精神療法の理想像は、私にとって、楽しい世間話である。

患者が、もっとも、求めているものが、そのような関係だとおもう。楽しい会話さえできていれば、それで問題ない。「ヤブ」医者、「ヤブ」カウンセラーがいい。そうなるのが、難しいだけである。患者の「生」の日常と、暮らしている「自然」を、治療者が共有できないと世間話は成立しないからである。

但し、大抵の場合は、いずれ、本人から、本当の問題を語る時がくる。そこから、治療者は逃げられない。まずは、彼女は何度も、反復する抑うつ状態を示した。

「もう、私、生きるのが面倒になってしまった」

その理由を聞いても言葉にならない。仕方なしに……、

『そうですか。私もですよ……』と私は、お茶を濁して、二人で笑う。

そんな、表面的な会話が繰り返された。私は、漠然と自殺への危険すら感じながら、彼女の気持ちに触れられなかった。

「彼女は見事に逞しく生き抜いてきた」という私が理解したストーリーと、この反復する「憂さ」は矛盾している。パラドックスの出現。それは、彼女を理解するための、新しいストーリーが必要であることを、私に知らせた。

なお、うつ状態の病理について、私の考え方は他で論じた。ここでは反復しない。それを参照されたい（「精神疾患の面接法」）。但し、このような反復性うつ病については、私は三段階に分けて考えている。

一回目の発症では、自分が病気になったことに驚くだけで、改善すれば、もう、治ったと思ってしまう。二回目になって、初めて、自分にも反復があるということを学習する。こうして、薬物と生活管理に自覚的になる。そのようにして身についた再発予防の知恵を、実際に生かすのは三回目の再発である。初発、再発、再発予防という経過である。一般に、三回目の発生によって、患者は自分のうつ病を恐れなくなる。つまり、反復性うつ状態はあっても、本人がそれにうまく対応できる自信を身に付ける。それ以降は、必要時に抗うつ剤を増減するだけで、殆どの面接時間は笑いながら世間話をする。この状態を、私は、「社会的治癒」と呼ぶ。私の診察室では、反復性うつ病はそのような治癒像を示す。

うつ状態の遷延化、あるいは、神経症化。このケースの状態像を記述する。「頭が動かない」、「体が動かない」などの病的抑制、つまり、重症うつ病の所見はない。問題は、抑うつ感の質である。一般に、肉親との死別（「喪」の反応）においては、「寂しさ」や「哀しさ」、ときには、離人感が前景にある。しかし、彼女の訴えは「寂しい」というよりも、「心がスッキリしない」、つまり、一言でいえば、「憂さ」であった。こうなると、本格的に病的な心的メカニズムに焦点を当てて、話し合わねばならない。

彼女の頑固な「憂さ」の病理。

それが夫との別れに関係していることは、容易に想像できた。しかし、それは、単なる死別への反応ではない。如何なる「心理」が、どのように、抑うつ状態の遷延化に関連しているかは臨床像からは把握できない。まして、安易に過去の外傷体験に踏み込むことは危険だった。

ある時、彼女は苦笑しながら話した。

「子供たちに、夫の話をすると、何時も、『又、その話なの、いい加減にしてよ』と、嫌がられるのですよ」

これこそが、私には「意外」な話だった。

私が理解していたのとは、この点が、何かがちがう。

明らかに母に感謝している子供たちが、何故、母の話を嫌うのか。彼女の話の中の何かが、子供たちに、嫌悪感に近い感情を引き起こす。子供たちは、それを聞いて、ウンザリする。その隠れた感情こそが、彼女の中にも「憂さ」を生むにちがいない。私はそう思った。私の心がそのように準備されるのを、待っていたかのように、彼女が、猫の死の話をしたのである。

「心」が言葉を超えて、「響き」として伝えられる瞬間がある。

確かに、この生々しいエピソードは誰にも語っていないし、語れないものであった。この話は、勿論、私の彼女への敬意を、何ら損なうものではなかった。しかし、不思議なことであるが、この話を聞いたときに、私の中にも、何か、すっきりしないもの、「憂さ」のようなものが生まれてきた。私が見えなかったのは、「これだ」と思った。

自分の心に意外な動きが感じられたとき、それに適切な言葉を与える。それが心の臨床家である。意外であった。この話を聞いて、私の中に生まれた感情は「嫉妬」であった。

それ程に、人を愛した。それ程に必死に生きてきた。そんな人生を、どれだけの人が送っているだろうか。そのことを二人で、どれだけ、話し合っただろうか。彼女はそれを笑って頷いていた。それでも、更に、何時まで、この話を繰り返すのか。

要するに、私が示した「敬意」では納得しない彼女がいた。それは誰なのか。

今まで、彼女に接してきた人たちは、彼女に「慰め」の言葉を限りなく与えただろう。彼女は、私の「敬意」すら「慰め」に感じたのだろう。「慰め」には「憐れみ」が含まれる。「憐れみ」の言葉は、憐れまれた人の心の深層を傷つけ、惨めにする。その結果、語りかけた人の言葉すら無力化する。家族が嫌悪するのは、ここである。そして、私の「敬意」も、又、彼女にとっては、月並みの「憐れみ」の言葉の範囲をでなかった。

その時、このことに、私は初めて気付かされた。

彼女は、今、私が予測したよりも遥かに深く傷ついている。

喪失と外傷の体験に、今も、まだ、彼女は病んでいる。彼女は、運命的な外傷の前で、今なお、「受動的」に立ちすくんでいる。この「受動性」を、私は見落としていた。否、眼を背けていた。そして、彼女は、「心」の自然な弱さすら、「普通の人間」の弱さとしてではなくて、自分の弱さと感じている。自分を「肯定」できないでいる。それが「憂さ」を生み、「うつ」を遷延化させる。そして、家族にすら、拒否的反応を惹起する。

このことを、確かに、彼女は気付いていないのだ。

彼女が生き続けるための新しいストーリーが必要であった。

彼女を「立派な人」と見るだけでは不十分で、彼女の外傷も、無力感をも、受動性をも、全てを肯定するものでなくてはならない。弱さをもった「普通の人」として、彼女を全的肯定しなくてはならない。新しいストーリーは、多分、「普通の弱い人間が深く傷ついたままで、しかも、運命的な使命を果たして生き残った。それ故に、敬意に値する」という類のものでなくてはならない。

無力感から全的肯定に至る言葉、新しいストーリーとは何か。

その目的のために適切な、しかも、感覚的な言葉を、私は探した。それは、彼女に生きた情動反応を呼び起こすものでなくてはならない。それは、絶対に、慰めの言葉であってはならない。しかも、私の言葉は彼女の存在そのものを、全的肯定しなくてはならない。それには、医師らしくない、俗っぽい「普通」の言葉で、私の「嫉妬」を素直に伝えてみよう、と考えた。

それが、「ごちそうさま」であった。

しかし、それを口にするのは勇気がいることだった。彼女は、そこまで私を信頼しているのだろうか。その言葉に付いて来るほどに、賢いのだろうか。そこまで、傷が癒えているのだろうか。しかし、この時を逃せば、二度と、彼女は心を開かないだろう。そう、私はおもった。


その時、彼女は本当に「意外だ」という表情で、「アッ」と声を出して、慌てて両手で口をふさいだ。そして、一瞬後、私と目を合わして、声を出して心底から痛快そうに笑った。私も一緒に笑った。うつ状態の人がこうなれば、もう、突破口は見えている。後に、その時のことを、彼女は説明してくれた。

「そういうことだったのだ。初めて、気づいたのです」

その瞬間に自分の心が見えたというのである。この時から、私たちは、以前より、深い水準で、腹を割って話し合えるようになった。臨床に、再び、楽しい世間話が戻ってきた。「心」の旅の真の同伴者に、私はなれたのかも知れない。

多分、精神療法とは言葉を深める技法なのであろう。

このようにして、彼女に秘かな、しかも、重要な変化が現れた。

「私は、もう、無理にクスリを減らしたりしません。これで良いとおもうようになりました」

過去の外傷的な記憶と戦い、強く生きて、早く薬を止めて完治しよう。そのような気負いがあった。それを捨てた。

「指を失った方が、それを受け入れて生きるように、私も生きればよいのだと思いました。あの出来事は、沢山ある人生の出来事の一つにすぎないと気付きました」

もはや、うつ状態の再発はあっても生活は崩れない。むしろ、大きな矛盾を、大きな傷をもって、力みなく生きる。こうして、二人の口から、同じ言葉が飛び出した。

「あるがまま」

人間の無力を知った人間が示す自然な回復力。そこに、「社会的治癒」がある。

「あるがまま」という日常語と、それを支える二つの説明概念、つまり、人間の「受動性」と「全的肯定」。それが、本書に一貫したテーマである。それは、精神療法の技法を生きたものにする基底的な概念である。この点、注意して読み進められたい。

先ずは、次章、「心の臨床の理論」では、第一に、日常語と専門語、第二に、「意外性」の体験について論ずる。

第二章　心の臨床の理論

1. 日常語と専門語

「精神療法とは言葉による治療だ」

そう語ったのは若き土居健郎であった。

治療的対話は、慣れ親しんだ日常語でなされる。それは、当然のことである。しかし、治療者の頭の中では、専門語による思考が並行して走っている。臨床家は専門知識を持っているが、臨床では、否応なく日常語で対話する。ベテランの治療者とは臨床がキチンとできている人であるから、無自覚であっても、既に、患者とは、日常語で話し合えている。その人が内省的な訓練、つまり、精神療法に関心がなければ、そのプロセスは無意識的である。その人は、既に、初心者の戸惑いを忘れている。人の心はそのように忘却する。

要するに、心の臨床家は専門語で考え、日常語で話す。

この点については、他で何度も論じたので、重複を避けたいが、ここで、簡単に論じておいた方が、初めて私の文章を読む読者には親切であろう。

日常語 ― 多義性 ― 現実に近い言葉
専門語 ― 一義性 ― 思考のための言葉

例えば、「重さ」という言葉に注目しよう。「気が重い」というのは、勿論、日常語である。「荷物が重い」というのも、日常語である。「病気が重い」。そのようにいうことも可能である。このように、日常語は多彩に用いられる。つまり、多義的である。

これに対して、自然科学用語としての「重さ」、つまり、重量はグラム単位で一義的に測定できて数量化できる。実は、「気の重さ」も、「非常に重い」「少し重い」、「重くない」という順位尺度を用いれば、数量化は可能である。しかし、その時は、気の重さが「憂さ」なのか、「寂しさ」なのかという重要な関心事は捨て去られる。このようにして、専門的思考は日常語の多義性から、次元を減らす。次元が減った分だけ、論理的思考が可能になる。つまり、日常語の豊かさを捨て、幾分か現実から遊離する。その代償として、専門語のシャープさを得る。日常性の空間よりも、専門性の空間の方が、次元が少ないので、思考に適しているのである。

つまり、思考とは単純化である。

専門語と日常語のこのような関係を村上陽一郎は「写像関係」といった。胸の病巣の実態は三次元である。しかし、X線写真は平面である。平面を見て、専門家は病変の実体を想像する。

それでは、読者に問う。

「心」は何次元であるか。読者は何と応えるだろうか。如何に心理測定技法が進んでも、「心」そのものの全体を、人が測定することはできない。測定で得たものは、何時も、写像である。同じく、「心」の図式は「心」ではない。「心」は無限に流動し生成する「自然」そのものである。それ故に、現象に近い日常語への感性が、「心」の臨床では重要なのである。

日常語の世界
―
（日常語ツール）
―
専門語の世界

ようやく、専門語で考え、日常語で話すということの実態を解説する時がきた。

日常語による思考と、専門語による思考。それを同時に行うための臨床技法である。そのためには、日常語と専門語をつなぐ、専門的日常語、つまり、「日常語ツール」が必要である。

これを説明する。

心の臨床家は素手で臨床会話をしているのではない。専門的知識で裏打ちされた幾つもの日常語を、あらかじめ、臨床ツールとして用意しておく必要がある。

その日常語は、一見、普通の日常語に見えるが、全く違う。日常語と専門語が表裏一体となった特殊な言語である。既に、無数の先達が試用して、考察して、練り上げた日常語である。その日本語は、既に、専門家によって、専門語によって思考され、専門語によって裏打ちされた日常語、専門語化された日常語、いわば、「専門的日常語」である。それが臨床的キーワードとなる。それを、私は「日常語ツール」と呼ぶ。それは専門家の大切なツールである。そのような日常語を、あらかじめ、学んでおく。臨床では自分のものとなった、その「日常語ツール」を頭に置いている。

例えば、土居の「甘えの欲求」という言葉がある。これは、依存欲求を表す専門語である。それは、日常語としての「甘え」という言葉を専門語化したものである。それが、日常語による専門的会話を可能にする。そのように、数多くの、日常語ツールを基礎として、臨床の会話は展開する。

初心者は、そのような言語ツールを持たない。つまり、素手だから面接でパニックになる。ベテランとて、素手で話し合えば、初心者と同じにパニックになる。日常語ツールなしに、日常語と専門語の思考が、別々に駆けめぐれば、頭が混乱し、オーバーヒートする。頭は一つしかないからである。

上記ケースで注目した「憂さ」や「嫉妬」という言葉は、専門家による多くの論文がある。それらは、既に、「日常語ツール」の一つである。例えば、前記症例の「憂さ」と「寂しさ」という言葉については、別の本で、反復性うつ病を考察した際に、既に、私が論じてある（「肯定の心理学」）。それらの日常語は、既に、私の日常語ツールとなっている。カルテにも、その日常語を中心に記録することができる。

但し、前記の症例のように、「ごちそうさま」という極端な言葉が選ばれるのは、余程、信頼関係が確認されて後、この人ならば私の言葉を理解すると思ってからである。まだ、日常語ツールとなっていない、治療者らしくない言葉を、私は、敢えて、使ったのである。

なお、個々のケースに応じて、本人が口にした重要な日常語を、私と二人で、二人だけの日常語キーワードとして切り出していく。それは大切な技法である。そのような日常語キーワードを記録し、それを用いて治療仮説を構造化していく。ときには、二人で、それを認知行動療法的に尺度化する。そのようにして、臨床の言葉が深められる。それは、私の重要な臨床技法の一つである。

なお、一つ追加しておこう。

もし、私の言葉によって、万が一、彼女が「失礼な」と立腹したら、私は、「どの点で、私の言葉に腹が立つのですか。説明してください」と問う予定であった。それはそれで、同じ、会話に行き着いたとおもう。枝葉を削ぎ取った会話を即座に理解するほどに、やはり、彼女は賢かった。

これ以降、本書では、既に、専門家によって専門語による考察がなされた日常語ツールを括弧で示して、読者にも、それと分かるようにした。精神療法に関心のある読者は、臨床で活用して、練り上げて、自分のものにしてほしい。そして、それを後輩に伝えたら良い。

但し、本書では、専門語でも特に注目して欲しいものは括弧付きにして示してある。勿論、それは日常語ではないので、読者は注意されたい。念のため……。

2.「意外性」の体験

「意外性」の体験が重要であること。

JCOPY 88002-178

治療者の言葉が患者にとって驚きをもって受け入れられる。つまり、言葉が、実際の治療経過の中で「響き」として伝わることが大事なのである。つまり、適切な「日常語」を用いて、生理的な水準で話し合う。そこに「意外性」の体験が生ずる。その体験は、心の奥を刺激し、生理的反応を引き起こす。「生」の反応。その瞬間を二人で確かに生きている。その時、「心」のゲシュタルトが変化し、「心」は再構成される。こうして、治癒的過程が作動する。意外性の体験こそが、臨床を、重要な目的地に導いてくれる。

これを説明しよう。

私が精神科医になったころ、土居先生は、いわゆる「土居ゼミ」を主催していた。今は伝説となった、そのケース・カンファレンスは、実際に、他にはない生き生きした雰囲気に包まれていた。患者の生き方や治療者の問題点が、土居のスーパービジョンによって浮き彫りにされた。そこでは「なま」の人間の姿が語られていた。

私は迷わずに土居の門を叩いた。土居の元でフロイトの精神分析と土居の「甘え」理論を研究するためであった。幸いにして、私は土居の著作のほとんど全部を入手し隅々まで読むことができた。そして、フロイトの著作も土居の指導で系統的に読み通した。最も恵まれた環境で、私は精神分析を学んだ……、はずだった。

その頃である。臨床で使っている私の言葉が無味乾燥に感じられてきたのは……。借り物で浅薄な言葉しか患者に語れない私がいる。私の言葉には、借り物の技法と理論しかない。それを支える重要な「何か」が欠けている。フロイトや土居の言葉が私の思考を侵食していく。「著名な他者」が使った言葉が私の思考から自由を奪う。精神療法の名著を読むほどに臨床の言葉が枯渇していく。何という皮肉な体験であろうか。それは、実に、不快で矛盾に充ちた体験だった。

ある日、私は、土居のケース・カンファレンスで、ひそかなテストを行った。もし、「甘え」理論が他の科学理論のように論理的な理論体系であるならば、彼の思考を、私は論理的に先取りできるに違いない。「土居ならば、どう考えるか」。それを彼の症例解釈をきく前に、彼の理論にしたがって予測できるにちがいない。

ところが、私の予測は、いつも外れた。つまり、彼の解釈は、私の予測したものとは異なった。しかも、いざ問題点を指摘されると、やはり、なぜ私がそれに気付かなかったのかとおもうような、説得力のある指摘ばかりだった。

これは、私には衝撃的な体験だった。

つまり、精神療法の定式化した理論を学んでも、技法を組織的に学んでも、土居の指導を十分に受けても、精神療法の実際は学べない。私が、まだ、土居の全著作の隅々まで眼を通す以前には、私の学習が足りないから、私の解釈は土居に及ばないから、とおもうことができた。しかし、そうではなかった。精神療法を学ぶには、もう一つ、深い水準で、未知の「何か」を理解しなくてはならなかった。それは、多分、土居という存在の奥深く、彼自身が言語化できない処にある「何か」である。しかし、それに達することは、如何に、可能なのか。

こうして、精神療法の深みにある秘密の「何か」を探求することが、重要な目的となった。

私は、このようにして精神療法の「意外性」こそが、重要な研究課題であると知った。

そのことを土居に告げると、その「意外性」こそが、土居も追いつづけてきたものだった。

このような体験から、通常の科学理論を学ぶように精神療法を学んでも、最も、重要な「何か」が欠落することを私は学んだ。そして、この体験が、私に精神療法についての理論、つまり、精神療法論の必要性を教えた。その鍵が「意外性」の問題だった。そして、科学哲学の村上洋一郎先生のもとで、この「意外性」の体験こそが、科学を、正確には科学的な「知」のダイナミズムを、発展させることを知った。

なお、これらの点については、「甘え理論と精神療法」という本で、既に、論じた。それを「精神療法論」として、「面接法」にも書いた。

ここでは、その精神療法論について、念のため繰り返す。

心の臨床家は、一方では、「フロイトなら、どう考えるか」、「土居なら、どう考えるか」という著名な名による思考をする。それは、引用文献的思考である。このとき、先達から残されているのは、著名な名によって形成された理論のネットワークだけである。そこに在るのは、無限につづく引用の連鎖だけである。私は、これを、「大文字の精神療法論」と名付けた。つまり、著名な名にだけ頼って臨床をしていては、ドグマ（独断）的な存在論に陥る。いずれは、私は「人間・フロイト」、「人間・土居」と、対等に、出会わなくてはならない。

目前にいる患者に対しては「私は、どう考えるか」、「私は、この来談者と如何に関わるか」、「どの方法が目前に居る来談者に最善であるか」と、その都度、面接者自身が判断しなくてはならない。自分の判断に従って行為する他にない。これを、「小文字の精神療法論」と呼ぶ。それは自分だけの理論である。しかし、これもまた、大きな問題を抱えている。「私」の考えばかり主張すれば、専門家同士で問題を共有できなくなる。独りよがりになる。専門性すら保証されなくなる。独我論に陥る。他者の批判から自分の実践を閉ざしてしまうという弊害がある。

結局、在るのは、「小文字の精神療法論」と「大文字の精神療法論」のダイナミズムだけである。


要するに、フロイトも土居も深層心理の心理学を完成させたのではなかったのだ。

フロイトや土居の行間に意外性の体験が秘められているだけなのだ。その体験は、彼ら自身が理論化できないものである。その出処を開明することが重要なのだ。人と人の出会いとは、そのような探求行為であり、それこそが精神療法の本体だ。そう、私は気付いた。私はその行間を捉え、言葉にしなくてはならない。フロイトや土居の行間に潜んでいる、論理を超えた論理、「メタ論理」の在り処を同定し、それを発掘しなくてはならない。

土居が私に期待したのは、このことだった。

私は、本書で、土居との約束を果たしたいのである。それは、科学的臨床を学んだ私のような者による、まだ、誰も試みていない不可能な試みである。しかし、不可能な試みが常に無意味とはかぎらない。それは、臨床とおなじ、人生とおなじである。

4. 権威と懐疑

意外性において、人は人と出会う。

私の文章の行間には、常に、フロイト、ヤスパース、森田正馬、土居健郎、石川清ら多数の臨床家の著作がある。彼らは「著名な名」であり、権威である。随所で、彼らと対話しながら論を進めていく。彼らと私は対等に出会う。それを後進に語り継ぐ。もし、私の文章にキラ星のように輝く処が一ヶ所でもあったならば、その行間には、私の尊敬する、これら先達の語りが棲み着いているのである。

ここで、私が目指すのは私の独創性という小さなものではない。先達から語り継いだ大切な言葉を、何千年もの思想史のダイナミズムに位置づけること。それを後進に語り継ぐこと。この言葉を謙虚ととるか、傲慢ととるか。それは読者にお任せする。いずれにせよ、本書で取り上げたような話が通じるのは、当初は、土居だけだった。土居と私の出会い。そこに、潜む「意外性」の体験を、本書では、重要な思考対象の一つとする。

土居に指導をお願いしたころの若い私は、敢えて、土居という権威に、可能な限りの懐疑を持って挑んだ。自分自身が個人崇拝に陥るのを、私は恐れたのである。不思議なもので、それが二人を結びつけた。何故か。当時、私には分からなかった。個人崇拝は「私」の思考の死を意味する。それは自己の保身にすぎない。そして、私は「個人崇拝」と「敬意」は異なることを学んだ。

臨床における思想の欠如。土居はそこから発想した。

臨床では、人と人が出会う。そこに、「人間についての問」が生まれる。臨床家も人である限り、「人間についての問」の恐ろしさから、本能的に回避しようとする。しかし、臨床を止めない限り、その問からは逃げられない。精神療法の技法を学ぶことによっても、その問からは、逃げられない。この水準では、患者の何気ない問い掛けすら、臨床家の思想性を白日の下に暴いてしまう。自ら自己を語らずとも、行間に臨床家自身が露呈される。苦しんでいる人ほど、それを鋭敏に察知する。そのことを知ったとき、私は臨床が恐ろしくなった。

「今までの先生は、私を一人の人間として見てくれなかった」

そういう訴えを何度、聞いたことか。

生きた人と関わる職業では、自分を超えた大きな「思想性」の中で思考する他にない。

その時、初めて、技法の意味が見える。この点は、土居と話をして、私が行き着いた処である。

こうして、本書では先達の思想性そのものを探求の対象とする。本書では、敢えて、私と土居の話し合いを随所に紹介したのは、この理由による。出会いの水準で語らないと、技法の意味は語れない。

土居は、自己を問うという点で、真の思索家だった。それ故に、すぐれた実践家だった。何よりも、彼を支える確かな、キリスト教の信仰を持っていた。これに対して、私は無宗教で「自分」だけを頼りに生きてきた積りの、危うい現代人だった。その私が技法のみをコピーしても「サマ」になるはずもなかった。今にして思えば、それは、余りに、当り前なことだった。しかも、不思議なことに、土居と私は共通の言葉で話し合えた。そのことが私には全く「意外」であった。私にできることは、彼と私の出会いを支えた未知の「何か」の在り処を徹底して言語化することであった。

精神療法を支える隠れた、未知の思想性。

その「深み」を限界までたどるのが、本書の試みである。

第三章　「心」の概念枠

1．人間についての問

「はじめ四本脚、次に二本、最後は三本脚」

スフィンクスは通りがかる旅人に謎を出し、答えられなければ、旅人は食い殺された。

「人は、なぜ生きるのですか」

心の臨床で働いていると、いつかは、必ず、投げ掛けられる問である。

それは心の臨床家が避けることのできない、答えがたい問である。

医師になったばかりの、若い私にとって、それは、問われること自体が恐ろしく、しかも、答えることが不可能な問であった。

『なぜ生きるか。そう、私も考えるのですが、私にも、未だに、その答は、分からない。私は科学的医学を学んだだけで、哲学、宗教など、人の生き方などを専門に学んではいないから、尚更、分からないのかも知れません』」

昔、ある若い患者さんに、私が、そう答えた。まだ、私が初心者で初々しい頃だった。それから何十年たっただろうか。彼から、突然、私に連絡があった。当時、学生だった彼は既に一流の学者さんになり、「なぜ生きるか」という問は彼の一生の生業となっていた。

「あの時、『なぜ生きる』という問を、他のお医者さんにも聞いた。しかし、納得する答はなかった。先生は私に対して、『私も分からない』と答えてくれた。そして、『そういうことを考えていると、余計、苦しくならないか』と答えてくれた。それが私には救いになった」

そのように答えたという記憶は、私にはない。当時、私は、分からないと正直に答えれば、私自身が自由になれる。そう思っただけだった。

「なぜ、生きるのか」

私はこの問の前で答える術を持たなかった。無力だった。しかし、結果的に、その問こそが、私と彼を結びつけた。そして、彼を生かし、彼に生業を与えた。

人間についての問。

その何処にこれだけの力があるのだろう。今から思えば、彼がこの問を私に問うた時、彼自身も、又、あきらかに、何ものかによって、その問を問われていたのだ。彼は、生きるために答えねばならなかった。多分、私も、又、同じ問を問われて生きてきた人間だったのだろう。初心者の私は、生死についての問を、それとは気付かずに、彼と共有していたのだった。この問の前では、彼も私も、対等な人間であった。結果的には、この問は、彼と同じく、私にも生業を与えた。本書の読者も、実は、この点では同じかも知れないのだ。

この患者にとって、「心」とは、「生」の問の中にあった。


では、この問を彼に問うたのは、誰であったか。

これもまた答のない問である。読者も本書を読みながら考えて欲しい。

人間についての問は、答えるのが不可能な問である。不可能な問。二人にとっては、答えられないことこそが、答であった。事実、その問は、私が「問う存在」である以前に、既に、「問われる存在」であることを教えてくれた。当時の若い二人が、共に、この問いの前で完全なる「受動性」を生きたとき、そこに、人間についての、何か、全的肯定というべき世界が見えてきた。

受動性と全的肯定。

この二つの言葉が、本書を基底で支える、大切なキーワードである。

この症例とのような関係を、今の私は作れないかも知れない。私には、既に、初心者力が衰えているようにおもう。

不可能を不可能といえること、そのことをいえるエネルギー。

心の奥から発せられる巧まざる言葉。生きた言葉。それなしには、人は人の心に届くことはできない。専門家として学ぶほど、キャリアを積むほど、技巧と理論が私の言葉を蝕んでいく。私の言葉から大切な「何か」が、初心者のウブな感動が失われていく。

言葉もそのようにして老化するのかも知れない。

本書を書くことで、その「何か」を、私自身、再び手に入れたいとおもう。

2. 現実主義の系譜

西洋的な心の臨床を学んできて、私が何時も行き着くのは、「人間についての問」であった。

それは全ての心理学が、必然的に、行き着く問である。それにもかかわらず、心の研究者たちが、見事に、抑圧しきった問である。その問の上に、人間の「知」に共通な無数のアポリア（答の欠如）が生ずる。なお、アポリアという言葉を辞書で引けば、「問題を解こうとする過程で、二つの合理的に成り立つ、相反する答に直面すること」である。パラドックス、二律背反、論理的矛盾のことである。

問題の本質に近づくと、人間の「知」がパラドックスに至る。それは、単に、「心」についてだけではない。物理学の世界でも同じである。よくあげられる例は、「光」である。光はある方法で研究すれば波動である。しかし、他の方法で調べれば、それは粒子である。ところが、波動と粒子は、物理学では、異なった概念なのだ。そして、私たちは、波動であり、粒子であるというモノの実態を、まだ、知らない。それ故に、光速を超えることが可能かを、未だに、実験する価値がある。人の頭脳と現実には、常に、無限の距離がある。合理を超えた世界での思考が避けられない。

今、私はおもう。

多分、西洋の近代的な「知」には、思想・宗教と科学を不可避的に分化させた歴史がある。そのために、心の科学は、「人間についての問」を排除せざるを得なかった。ウィーン時代のフロイトは、「有機体の中には、物理化学的な力以外のものは働いていない」というヘルムホルツ学派の信奉者だった。そこから、一生をかけて行き着いたのは、「死の欲動」論で象徴される神話学であった。彼も思想と科学の分裂を、一生をかけて体現してきた。そう気付いてから、近代科学以前の人間の「知」に、私は関心を持った。

その時、人間の何が見えてくるかを知りたい。私は私の文化圏で、私が自力で原資料を調べ、私の能力なりに読むことのできる書を探した。東洋の思潮の中で、西洋の「知」を捉えなおすこと。そして、私は空海の著作「秘蔵宝鑰《ひぞうほうやく》」、及び、そこで提示された「十往心《じゅうじゅうしん》」論に出会った。まず、その本で、私が意外に思い、且、きわめて斬新に感じたのは、空海のある種、現代的な現実主義ともいうべき姿勢であった。彼の思考法が私のような懐疑的な現代人にも馴染みやすいのは、この現実主義によるのかも知れない。これを説明しよう。

　生まれ生まれ生まれ生まれて生の始めに暗く
　死に死に死に死んで死の終りに冥《くら》し

これは同書の有名な序文である。人は何処から生まれてくるのか、何処に行くのか。人はその答を知ることができない。空海ほどのものが、序文から、一番、大切な点で、「分からない」と明示して、本書は始まる。人が最も欲しがる答が「欠如」している。そのように先ずは断ずる。彼は、その「欠如」そのものを徹底的に追及していく。

空海が語る人間像を、あらかじめ、私の理解として要約して示す。

人は自分の頭脳では「分からない」世界に生きている。しかし、人は無力では終わらない。人は、何かを「感じるがまま」に受け取り、「おもうがまま」に思考し、「あるがまま」に生きる。空海が提示する人間像は、そのような悠々たる「自然」な姿である。

実存哲学者であり精神病理学者のヤスパースが精神病理学総論を書くにあたり、先ずは、「人の心の全体は捉えられないことを知っていればよい」と語ってから論じたのと同型である。

「何処が分からないかを分かることが大事だ」
それは、土居の言葉である。

このような文章に出会うと、若いころの私は腹を立てたものだった。困難な仕事を選んでしまったことに気付き始めた私にとって、それらの言葉は、単なる、「諦め」の言葉、臨床的ニヒリズムにしか聞こえなかった。指導者として、何と無責任な、とすら思った。「諦め」とは「明るみに出す」ことだとは、それ自体が「知」だとは、当時の私は思っても見なかった。私は単純・明快な論理と、技法にすがりたかったにすぎない。

今、私は若い臨床家のために一言、書き加えねばならない。「分からない」と感じたら、それは人の一番、大切な処に触れたのである。臨床が苦しいと感じたとき、ようやく、本当の臨床家になれたのである。

その時、貴方は新しい発見をしたのである。そこまで、進歩したのである。

それを喜ぶことが大事である。

人の心は捉えがたいカオスである。カオスの在り処を感じ取ったのである。ようやく、人と出会えたのである。これが理解できるならば、分からないときに、慌てて、簡単な説明図式に頼って解釈し、分かった積りにならないこと。説明は無限にある。説明はカオスを、人間を見えなくする。もっともらしい解釈ができたときこそが、臨床家として、一番、危ないときである。

「分からない」処を見失えば、「分かった積り」になるだけである。

何処が分からないか、何が分からないかの一点を見失わずに、相手の言葉を聴くことが大事である。それが、「傾聴」である。人間の心はカオスとして存在する。「分からない」という実感は、それ自体が否定形によるカオスの認識である。人は「欠如」感覚によって、かつて、絶対があった処、カオスを再発見する。治療者が「私も分からない」といって、一緒に考えるからこそ、共感が成立する。

本書では、幾つか、私の臨床的会話が出てくる。それは、殆どが、私の疑問符から始まっている。問から臨床の会話が始まるのは、分からない処から会話を始めるからである。

JCOPY 88002-178

私は他で土居研究を行った際に、「欠如」感覚について書いた（「甘え理論と精神療法」）。人が不完全である以上は、人は「絶対」には達し得ない。「確かなもの」から隔てられた存在。その自覚。欠如感覚だけがある。それだけは、確かである。こうして、「私」にとって、欠如感覚こそが失われた「確かなもの」への認識だった。それ故に、心のカオス、欠如感覚の上にこそ、現代の「知」は築かれるべきと考えた。

土居も、この提案に賛同して下さった。

こうして、私たちは互いを「現代折衷派（modern eclecticism）」と呼んだ。

第一に、「欠如」感覚、「分からない」処から思考すること。

第二に、心象風景を平易な日常語で記述すること。

第三に、「欠如」感覚の上に論理を再構築すること。

それは、二人だけの学派であり、共感した者ならば誰もが、何の許可もなく参加できる開かれた学派である。

精神療法は価値探求的な行為でありながら、「中立性」が求められてきた。その逆説的な構造を、誰も語ることはできなかった。私は、その正体を追って、「欠如」感覚に行き着いた。しかし、既に、空海にして、そうであったとは思いも寄らなかった。当時、突飛に思えた私の発想も、今にして思えば、人として当たり前だった。当たり前のことを確認すること。それが、本来の学問だとおもう。

道を云い道を云うに、百種の道あり
書死《た》え、諷死えなましかば、本いかんがせん
知らじ、知らじ、吾れも知らじ

人の道、心の研究は幾つでもある。技法もかぎりない。つまり、心の研究はカオス、無限なものに開かれていなくてはならない。それ故に、もし、書物と言葉によらねば、どこから思考して良いか分からない。実際に、空海の文章の行間には、実に無数の引用文献が収められている。その読書力に驚く。

空海の切り口を見ると、現代の知も未だ悪戦苦闘している諸命題が各所に散りばめられているのに驚く。自己と他者、合理と非合理、善と悪、言語と神秘。人間と自然、肯定と否定。その他にも、原因と結果などの因果関係論。利益・損失という功利主義的思考。その他、意識と無意識、自我と本能など狭義の心理学的テーマ。懐疑と不信。祈りと救済。生と死、現世と彼岸、神とその不在などの宗教的テーマ。現代では、倫理学、哲学、宗教、心理学、近代科学等、既に専門分化して、一人の人間として見渡せなくなってしまった人知の総体。それに空海は思考をめぐらす。心の研究と

は、本来、そのような不可能な試みなのだと、改めて、思い知らされる。臨床で会う一人の人のために、私の「知」の総体を使うのが、心の臨床である。

空海は「欠如」の上に、何を、如何に構築したのか。

それを、ここでは導きの糸の一つに加える。

本書では、このように、西洋と東洋の「知」のダイナミズムとして、「心の臨床」を再構成する。

3．「コンセプチュアル・フレイムワーク」と科学

私の中には私の「心」がある。それは自明なことである。

誰もが心とは何かを知っている。しかし、そのことは、人が心について語りうることを意味しない。如何なる才能を持ってしても、心について語り尽くすことはできない。もっとも自明で謎に満ちた何か。人知を超え、言葉を超えた何か。心は無限の次元をもったカオスとして、治療者の前に立ち現れる。

心の臨床に、ある人が、ある時、ある処で、何らかの心の問題を抱えて訪れる。臨床家と出会い、

二人で協力して問題解決をはかる。その共同作業の目的は、未来への創造である。

初めは、心の問題が奈辺にあるかを両者とも分からない。

多くの場合、心の問題は数回の出会いで確定できるほどに単純ではない。むしろ、その問題を探る過程こそが、心の臨床の本来的業務であり、それこそが来談理由そのものなのだ。この意味では、心の臨床とは、本来、「探索的」な営みである。言い古された言葉であるが、臨床とは、心という未知のカオスを求めて二人で冒険旅行することに喩えられる。その旅行の同伴者が心の専門家である。

旅行には一種のガイドブック、行動指針が必要である。

その小さなブックレットは旅に行き詰まった二人に、参考になる見方を提供する。「日常語ツール」で書かれた道標の在り処を教えてくれる。

家族や友人に相談しても問題解決が得られない。その時、人は心の臨床家を訪れる。専門家が用いる学問的方法は沢山ある。生物学、倫理学、心理学、精神病理学、健康科学等々。専門分化した学問。これら多彩な見方を「横」の見方と呼ぼう。確かに、その何れもが必要であり、不可欠でもある。それは人間理解に「幅」を与える。しかし、専門分化とは横並びの入り口、各論であって、相互に「共約性」はない。超えられない壁がある。

実は、私が出会った、すぐれた臨床薬理学者こそが、信頼関係が如何に薬物の効果に影響するかをデータで私に教えてくれた。遺伝学者こそが、環境要因が如何に心の臨床に大きな要因であるかを知っていた。臨床家は、いずれは専門分化した各論を超えて「人間」そのものの「深み」に踏み込む。今まで、困難なるが故に、余り語られなかった臨床の「深み」、それを、ここでは「縦」の見方と呼ぶ。

臨床家は長い経験と失敗によって、臨床技法を身に付ける。心の臨床家は臨床直感を持ち、そこから行為形成する。多くの非合理、論理飛躍、比喩などへの感性を身に付けて、心のカオスに切り込む。それは今まで、「臨床の知」とか、「勘」と言われてきた。それも、又、心の旅行ガイドである。しかし、経験に満足することに、土居は批判的だった。いくら困難でも、そこに理論を示せなくては専門家ではない。理論なき臨床はドグマ（独断）に陥る。精神分析をドグマ的な存在論だと危惧したのはヤスパースらであった。彼らはドグマ的な存在論の恐ろしさを身をもって体験していた。第二次大戦において、人が如何に容易にドグマに屈したかを目の当たりにしていたからである。

臨床に役立つ「言葉」を見出し、深めていく方法論。心の「深み」に触れる方法。言葉になりにくいものを言葉で扱う方法。そこにこそ、心の臨床家に固有な技法がある。

実は、専門家としてのコツや勘が働くということは、既に、心の臨床家が心について暗黙の共通理解らしき「何か」を手に入れたということである。そこに見え隠れする「何か」。心についての、そのイメージ。それを構成する「概念枠（conceptual framework）」。それを開明し言語化し、論理を超えたものを論理的に語る。そこに「心の臨床」総論を発掘する。それが、私のおもう心の臨床総論である。

それが、ほんの僅かでも開明されなければ、若い臨床家は、私たちを超えて先に進むことができない。後進にカオスをカオスとして残しただけでは、私たちの存在意義がない。未知への挑戦。フロイトも、土居もその仕事の道半ばで去った。多分、心の臨床総論は完成することがない。しかし、臨床家は、この道を行くことを避けられない。

「概念枠」という言葉について説明する。

一九九四年、私は「心の臨床と科学」というテーマで一つの公開シンポジウムを企画した。土居と科学哲学の村上陽一郎が対談し、私と内海健氏が司会をした。「精神分析は科学か」という歴史的テーマがある。それを問い続けたのが土居であった。そして、遂に、この対談で、土居は、その問に決着をつけたのである。それを要約して示す。

村上は土居との対話で、「理論が臨床から離陸する瞬間を捉えたい」とした。その上で、科学哲学の専門家として、「科学が伝統的にモノの言葉で語ることであるとすれば、心の科学は成立しない」と端的に指摘した。土居は、ここに彼の生涯のテーマに決着をつける時がきた。

「やはり、心の科学というものはないみたいですね。心の科学という宗教はあるけどね（笑）。でも、科学がないと困るのだよな……。しかし、臨床を成立させるコンセプチュアル・フレイムワークを扱わなければ科学は初めから成立しないでしょう。そこに科学かは分からないが、『何か』があるのではないか」

村上はこれに頷いて応えた。

「概念の枠組みの中で世界を捉えていくのは、いわゆる伝統的な科学の中でも全く同じだと思います。しかし、自分のフレイムワークの中に馴染まないものに出会ったときに、その馴染まないものをどうするか。その馴染まないという感覚そのものが、既に、実は別のフレイムワークの可能性を予想している。言い換えると、きれいに出来上がった、絶対的で至上のもの、知のシステムというものを科学が目指しているが、それから逸脱する側面というのを科学はもっている。私はそれを『知』のダイナミズムと呼ぶ」

サイエンス（science）、日本語の「科学」、そのラテン語の語源は「知（scientia）」である。科学を成立させているのは「概念枠」である。言葉である。しかし、人は完全な知、客観に至ることはない。在るのは「知」のダイナミズムであって、絶え間ない「知」の生きた流動である。絶対普遍の「知」を人が手に入れることはない。そのような入手困難なもの、つまり、欠如として、「知」

は確かに存在する。「意外性」の体験は、既成品の「知」に、生きたダイナミズムを与えるエネルギーであった。

「心とは何か」

この問は、心を構成する「概念枠」を、そのダイナミズムを問うているのである。

この現代に、この地に生きる私の、「心の概念枠」とは……。

そのような思考が私の中から消えることはなかった。これ以上、私の思考を助けてくれる頭脳はないのかも知れぬ。そう思っていた。

そこで出会ったのが、空海の「十住心」論なる、心の研究書であった。それはインド、中国からの思潮の中に、当時の時代精神を捉え直す試みであった。同書が現代の私に参考になるのは、当然であった。本論では、空海の助けを借りて、私が馴染んできた西欧精神医学、心理学の「概念枠」を再構成する。

そのように言うと、本書は、随分、硬い本と想像するであろう。宗教書かと勘違いする人も居るかもしれない。しかし、この点では、私は村上先生にならって、科学哲学の端くれに自分を置かせていただく。それ故に、空海について何の予備知識もない人でも読めるように、私なりに解説する。

既成の、精神療法論に支配されていない頭脳には、通じるように書くつもりである。本音をいえば、この本は、柔らかい頭を持った頭脳ならば、臨床の初心者でも、読みこなせるはずである。

私は空海の美しい言語を少しでも引用したかった。このために、読者は読みにくい、分からないと感じるかも知れない。しかし、驚く必要はないし、言葉の「響き」だけ感じることも大事なのだとおもう。それは、今、全部、分かる必要はない。「分からない」響きをも、素直に大事にしてほしい。それで、私と対等である。

もし、内容が追えない場合は、テーマが斬新、かつ、複雑で難解なためかも知れないし、私の思考が未熟なのかも知れない。何れにせよ、読者なりに、自分なりの「心」の理論を発掘する手助けになれば、それで、私の試みは達せられた、と私は満足する。ここで、私が目指すのは、私と読者の「知」のダイナミズム、そのものである。それは、私の臨床と同じである。

4.「私」とは何か

「知」はダイナミズムとしてある。それは、「私」の意識の在り方として在る。そういえるとしたら、一体、「私」とは何か。

「面接法」という本を書いたときに、私は「心」のテーマを一種の自己論として定式化した。独我的自己。相互的自己、匿名的自己の三つの自己から、私は「心」を捉えようとした。

この定式化にあたって、私は、ヤスパースやハイディッガーらの、西欧哲学史的な展開を想定していた。しかし、私の定式化は、実は、何処か、何とはなしに、彼らの語りから逸脱し、その逸脱こそが重要に感じていたのだった。それは、切り捨てることができないものだった。ところが、空海の「十往心」論を読むと、その逸脱部分が丁寧に論じられていると感じて、大変、心強く感じたのである。それ故に、この本では、三つの自己をそのまま章立てに用いた。そうすることで、自然に「心」を語れた気がしている。

ここでは、「面接法」に書いた自己論を、再度、紹介して本論の準備としたい。

先ずは、「私」というものに、三つの側面を想定する。

第一には、「私」にとって自己は一つしかない。「この私」しかいない。この意味では「私」は見る人であり、他者は私が見る対象、操作する対象、モノでしかない。この点では、「私」は世界の支配者であり、絶対的孤独と全能感を感じている。これを独我的自己と呼ぶ。「私は太陽だ」と言って、その「孤独な全能感」を表現した人がいた。読者も、その絶対的孤独感を理解できるであろうか。なお、これは元東大教授の台弘先生に四十年以上前の講義で私が教えていただいた時の、印象的な統合失調症の一例であった。今、そのノートは大事に保存してある。

第二に、自己と他者の出会いは、それではとどまらない。他者は「私」が意味付けることのできない抵抗として、「私」の力の及ばない何ものかとして、「私」の世界に生き生きと出現する。これを「不気味な他者」と呼ぶ。他者とは、「私」の意識から見れば、如何なる対象化の努力をも超えた、不可解で達し得ない、「無気味さ」として出現する。逆に、面接者が来談者を観察対象としたときには、来談者は対象化され、モノ化する。そこに客観的観察によって対象化された自我の残骸が産み出される。そこには、生き生きとした、生きた人間の姿はない。

面接でパニックになった初心者の姿を思い浮かべて欲しい。他者とは、「私」を凝視し対象とし、モノと化する他者の視線であり、私を脅かす他者の声である。「私」を圧倒する力である。そこに紛れもなく他者が居ると感じることを「無気味さ」と表現したのは、ハイディッガーであった。但し、人が無気味と感じた処に、もっとも人間的なものが在ることを、フロイトは明らかにした。彼の「無気味さ」についての論文がそれである。フロイトの著作には、他者との出会いが生き生きと描かれている。しかし、来談者を対等な他者として捉えるという理論化を、彼は行っていないだけである。

「他者」とは、もう一人の「私」である。この表現自体がパラドックスである。

来談者に、他者の抵抗を感じたとき、その抵抗感は、そこにこそ他者があり、面接者こそが「問われる存在」であることを示す、サインとなる。

面接者の「私」にとって来談者が他者であるように、来談者にとってもまた、面接者は、不気味な他者である。要するに、自己と他者の関係は、相互に置き換わるという意味で相互性を持っている。これを「相互的自己」と名付けよう。

独我論的自我と相互的自我のダイナミズムを見なければ、面接でのダイナミズムは理解できない。自己のこの二つの在り方、つまり、「私」と「あなた」のダイナミックな関係を、自分の体験に照らし合わせて、明確に意識できるであろうか。共感が成立するのは、このダイナミズムの中である。もし、そのダイナミズムが自覚できるのであれば、二つの自己を観察している観察者は誰なのかと、考えていただきたい。

人の中には、如何なる自己をも対象化し観察する、もう一人の自己がいる。決して対象とはならない自己、知覚し、観察し、判断し、行為する主体としての自己、それでいて他者と共感しあう自己、静かで冷静な自己、対象化できず名付けることすらできない自己。それを、匿名的自己と呼ぼう。面接者と来談者の匿名的自己が、共に並んで生活を観察し、あたかも二人で他人のことを話し合うような関係になる。このように「一緒に見る」という関係こそが、共感的な関係だった。

それは、あたかも二人の視点が面接室の天井や生活の場の高いところから、世界を見渡しているような体験であった。面接が自然に進行し、共に問題解決に向かうときになると、このような関係が生じる場合が多い。

孤独な独我的自己と相互的自己のダイナミズムから自己を捉え、その背後に匿名的自己があるという構造を、私は、既に、想定した。

以上が、既に述べた点であるが、その三つの自己の背後に、もっとも、重要な意味を持って、「自然的自己」が立ち現れてくる。この点、留意して読み進まれると、本書の内容が理解しやすい。

自然的自己を加えて新しく修正したものを、改めて、提示する。これは「思考ツール」である。つまり、そのままで、臨床会話に使える言葉ではない。考察・分析のツールである。つまり、臨床家が臨床を離れて、ときには、臨床で一息ついて、臨床を省みて、自分の思考を整理するための説明概念である。

「私」＝（独我的自己　＋　相互的自己）＋　匿名的自己）＋　自然的自己

なお、この自己論が、本書で取り上げる、「心」の概念枠の第一のモーメントである。モーメントという回転力を表す物理用語を用いたのは、それが、臨床的思考の回転を促進する力となることの比喩、駄洒落であり、便宜上の命名である。それ以上の深い意味はないので、読者は、難しく考えないでいただきたい。

5.「心」の概念枠

激しい苦痛の中にいる患者であっても、フッと、「自然」な笑顔を見せる瞬間がある。

その時、私はいう。

『いい笑顔をみせたね。それがあれば大丈夫だよ』

「自然」という言葉が、私の臨床では、きわめて重要である。

心の臨床という綱渡りのような困難な歩み。重要で、矛盾に満ちた、不可能な要請。そこに「何」が在るか。専門性とは不可能を引き受けることであろう。私の中にある「心」の概念枠について、ここで、あらかじめ、解説しておきたい。その方が、本書での、煩雑な思考を追いやすいとおもうからである。

実は、この「心」の概念枠は、本書を書く中で、おのずと私の中に明確になった。むしろ、この概念枠を発掘するために、本書を書いているのである。本書を読み終えたとき、読者は、どの部分に賛同するか、しないかについて、各自で答を出すことが求められる。そこに、おのずと、読者にとっての答、つまり、「心とは何か」の答が見えてくるはずである。

では、本書で想定した「心」の概念枠について、説明する。それは、自己論とオントロジー（存在論）の二つのモーメントからなる。

第一の自己論は四つの自己からなる。これは、直前の章で説明した。そこに挙げた四つの自己は専門語で書かれている。

これに対して、第二のオントロジーは、四つの日常語ツールからなる。

後に述べる理由から、「オントロジー」と名付けた、この四つは、全て、普通の日常語である。臨床会話で、そのまま利用しても、少しも、不自然ではない。そこに理論的考察を加えて、この四つの日常語を専門的日常語として、臨床会話で使える「日本語ツール」とする。これを記号化して表せば、次のようになる。この記号は、上の言葉を下の言葉が「包括」する、という意味である。

「私」∪「心」∪「生」∪「自然」

このような包括する関係に従って、本書では、順次、考察を進める。これが、「心」の概念枠の第二のモーメントである。これを「オントロジー」のモーメントと名付ける。

ここで、取り上げた四つの日常語は、誰もが、皆、全て、日常的に使っているものである。全てが、この本の全体を俯瞰するような日常語である。しかし、臨床の教科書では、改めて、取り上げられない日常語である。本書を読み終えたとき、これらの日常語が、読者にとって、日常語ツールに加えられる予定である。しかし、読者が先を読み進むのが楽になるように、ここで、あらかじめ、大枠を説明しておく。如何に日本語ツールにするか。そう考えながら、本書を読み進んで欲しい。それだけで、臨床の言葉が豊かになる。

重要な「日常語」は語り手の心の奥の未知の深みから発せられる。つまり、価値観を排除し、価値中立を標榜する専門語よりも深層から、日常語は発せられる。しかも、臨床家の日常語は個別的な宗教・思想からは中立な処にある。つまり、臨床の言葉は、個人の信じる宗教や、思想よりも更に深層に在る「何か」から発せられねばならない。そこには価値中立性と価値が何の矛盾もなく存在する秘密の場所がある。その場所を土居は「オントロジー」と表現した。私はそれに習った。臨床の言葉が発せられる秘密の場所を求めて、今、私たちは、旅に出た。

先ずは、「私」、それは第一人称で表すもの全てである。それは「自己」と、ほぼ、同じである。なお、日常語の「私」を構成する、四つの専門語、つまり、四つの自己は先に示した。

第二に、「心」の一部として「私」という意識がある。しかし、「心」それ自体は、おのずから生まれては流れていくものである。つまり、「心」の特徴は「私」の思い通りにならない点にある。

第三に、「生」の一現象として「心」がある。「生」とは、「心」を生かすものである。

生命科学、健康科学でいう「life」とは、日本語では生命、人生、生活と三様に翻訳される。つまり、これら三語をまとめて、一語で「生」と表現できる。この言葉は、翻訳語としては正確であるが、抽象的である。そこで、臨床で患者と話し合うには、「生」、「死」という会話を「命」という素朴な日本語に置き換える場合も少なくはない。

第四に、「自然」の一部として「生」がある。「自然」は、命のあるもの、命のないもの、宇宙とその果て、その果ての彼方、つまり、全ての存在、無限、「虚空」をも意味する言葉である。自然とは、「自ずから然りのもの」、つまり、「ありてあるもの」、「あるがままのもの」である。臨床で、散歩を勧め、寝ているのが自然ならば寝ていることを勧める。働くのが自然なら、働くのを勧める。その時の「自然」のことである。一見、「心」に関係なさそうな、このような、「会話」にこそ、実は、もっとも、深い洞察が求められる。精神療法的な「深み」が求められる。多様な専門知識も必要になる。精神療法家が見落としやすい点である。

本書では、これ以降、このような「心」の概念枠が如何に導き出されたかを、随時、説明する。つまり、二つのモーメントと、四つの、基本的な「日本語ツール」を頭に置いて、本書を読んでいただきたい。そうすれば、読者の心の中に、おのずと、私とは幾分、異なった、自分なりの、「心」の概念枠が見えてくるはずである。

ここで提示した、私の「心」の概念枠は、「知」のダイナミズムのなかで、読者によって、超えられていく。そのために、この本を書いた。

このように考えてくると、見えてくることがある。何故、フロイトがエス、つまり、「無意識的なもの」という専門語を必要としたか。彼は自然科学の言葉で語りたかった。しかも、日本語ならぬドイツ語で語った。つまり、「心」という日常語を持たなかった。それ故に、言葉からこぼれる部分が、余りにも、大きかったのではないか。要するに、重要な日常語による思考と、そこに含まれる膨大な非合理が、理論体系から排除されて残余となってしまった。その結果、多くの重要な日常語、全ての代理物として、残余を、再度、拾う作業をする必要があった。そこで、彼は「無意識」

の一語に頼らざるを得なかった。しかし、彼は晩年、自らの喉頭癌との戦いのなかで、「死の欲動」論を書き上げ、自らの語りを神話学と呼び、「生」と「死」という日常語と神秘性の復権を果たして去った。私はそのように理解したが、この点、読者は如何、考えるであろうか。

6. 東洋における「心」の研究

何時の日からか、心の臨床で迷うたびに、私が心の臨床の総論を書かねばならない、とおもうようになった。正直にいえば、私は、私の思考だけで、この本を書こうと思っていた。しかし、私は自力では書けなかった。実際には、私が、如何に、工夫しても、それは無味乾燥な専門分野の各論の寄せ集めにしかならなかった。それは総論ではなかった。やはり、不可能は不可能なのだ、と諦めかけていた。

その時に、空海の「十往心」論に、偶然、出会った。そして、心の総論は、このように書くのだと教えられた。そこで、空海の思考力を道案内として頼ることにした。

「これから、お坊さんになるのですか」

久しぶりに会った精神科医に、真顔で、そのように問われて、私は笑いが止まらなかった。噂とは面白いものである。私が僧侶に癒されることはあっても、私などが僧侶の重責に耐えられるはずもない。人に正面から手を合わされても逃げ出せない。それを受け止めねばならない。それが、僧侶である。厳しい行なくして、凡人が真似て、その重責に耐えられるはずはない。

嘗て、宗教嫌いで、今も、無宗教の私が、何故、空海や聖書を読むか。そこに、現代哲学が語ることをやめた「心」の世界があるからだ。精神性を欠いて、心理学は成立しない。

私は同じ心の臨床家として、空海と対話しているだけである。私にとって、空海は、フロイト、ヤスパース、森田、土居と同じく、身近に話し合える存在なのだ。それが彼らの大きさだとおもう。但し、ここで、私は読者に空海への関心を押し付ける積りは、全くない。この点で、私は可能な限り、空海に馴染みのない人にも、本書を読めるように書いた積りである。しかし、本書を深く読みたい方のためには、やはり、空海について、簡単に説明するのが私の責務であるとおもう。

イ．空海の「十往心」論にみる東洋的思潮

私と「十往心」論との出会いは、「空海　秘蔵宝鑰」なる書物（加藤純隆、加藤精一著、角川ソフィア文庫、2010）によってである。つまり、ここでの引用は全面的に同書に依存している。しかも、加藤は同書を「心の研究書」と呼んでいた。私は知人の紹介で著者に、直接、お会いする光栄

をいただいた。この偶然によって、当然のように、私は加藤先生のいくつかの著作を読ませていただいた。先生には、まず、この貴重な偶然をいただいたことを深く礼を述べねばならない。但し、私は先生に直接、御指導いただいた立場ではない。私のような現代人には難解な書なので、私の誤読も、多々、あるかとおもう。この点、読者には批判的な読解を期待したい。

あをによし奈良の都は咲く花のにほふがごとく今盛りなり

空海は七七四年、四国の讃岐国多度郡に生まれた。彼が青春期を送った奈良は文化の爛熟期にあった。儒教、道教、南都六宗など仏教各派等が各立場を主張し、一種の思想的カオスにあった。遂に、七九四年、桓武天皇は平安京に遷都した。八〇五年には、空海が長安で恵果から伝法灌頂を受け、直ちに、帰国した。その彼を支えたのは嵯峨天皇であった。国政としては、思想的カオスを統合することが急務であった。まさに現代の日本である。

八三〇年、淳和天皇は、各宗派に対して、それぞれの教義をまとめて綱要書を作り提出せよと命じた。これに対して、空海は「秘密曼荼羅十往論」十巻を献上した。しかし、それは余りに膨大であった。そこで、その要約である「秘蔵宝鑰」を上進した。それが、ここで取り上げる「十往心」論の書である。つまり、この書は、先ずは、心の研究について、歴史的な系統発生を調べた研究書であった。孔子、老子、釈迦の時代から、平安時代に至る思想史。そこに空海は自分が生きた時代を位置付けた。同時に、その本は、彼の精神の個体発生の書でもあった。何故ならば、空海は二四歳時、彼の思索の出発点とされる「三教指帰」において、同じテーマを既に論じていた。彼の思想遍歴に終止符を打とうとするかのごとく、「秘蔵宝鑰」を残して、八三五年、空海は世を去った。同書は当時の時代思潮の集大成であり、空海の思想的な集約点でもあった。それは、きわめて、ハンディな心の旅のガイドブックだった。

私が馴染んで、愛してきた思想史とはギリシャ・ローマから、近代ヨーロッパを経て、現代につながるものだった。日本の職業哲学・思想家も、その影響を受けた臨床家たちも、凡そ、その文脈にそっていた。そこに私も自身の思考の、及び、臨床の根拠を置こうとした。大学・研究室ではそれで十分だった。

しかし、如何にしても、私の、心の臨床の日常を、西洋哲学史に位置付けることは、私にはできなかった。私と来談者は、もう少し異なった日常を生きている。その実感は消えることはなかった。「何か」、大切なものが欠如している。「欠如」。日本の、正確には東洋に土着的な精神性。それを見ること。西洋史と東洋史の接点に現代の私はいる。心の臨床の日常がある。むしろ、足元の大地にこそ真にグローバルなものがある。そこに、心の臨床総論がある。

同書と出会い、私は「欠如」とは何かを深く考える勇気をいただいた。日常性の背後にある神秘。それを、この小論で論ずる。本書は土居健郎、村上陽一郎両師との出会いに強く支えられて書いた。私事ではあるが、私は両師を通して、初めて、キリスト教信仰の「何か」に触れた気がした。その経験があったから、宗教嫌いの私でも空海の世界に臆せずに飛び込めた。ここに改めて両師に謝意を表する。

ロ．心の旅のガイドブック

人の心の一番、奥にあるが故に、自分でも気付きにくいもの。人を生かしている隠れた願望。村上のいう「日常性の背後にある神秘」、土居のいう「隠れた祈り」。信仰者か宗教嫌いかを問わず、共有する「何か」。それを感じ取り、それを言葉にして、話し合うことが、心の臨床家の仕事である。その「何か」の在り処を、本書でたどることにする。

要するに、私は空海の「十住心」論を臨床における心の旅のガイドブックに選んだのである。当然のことながら、私は専門の宗教学者・哲学者ではない。一臨床家として、先達の言葉から学ぶだけである。つまり、ここでの考察の正当性は、空海と読者と私とが、共に、心の研究者であり実務家であるという否定できない事実にのみ立脚する。

さて、空海の試みは、まさに、「心の研究」のための方法論的挑戦であった。しかも、現代の心の研究と比べて、空海の研究方法は遥かに体系的で、かつ、実践的であった。精神分析の祖、フロイトは臨床神経学の父、シャルコーを「見る人」と呼び、生涯、敬意を忘れなかった。一方、空海もすぐれて、見る人であった。さらに、彼は「心」という未曾有のカオスを自らの脚で歩いた。「歩く人」でもあった。彼にとって「心」とは、彼が親しんだ四国の流転する大自然でもあった。彼は自らの足で歩き、自らの眼で見た。行脚。それは「生」と「自然」そのものの中にある。これ以降、私は「生」と「自然」の両者を視野に入れねばならない。

理性では捉え得ないもの、脚でしか捉えられないもの。彼の思考は研究室ではなくて、歩きの中で熟成された。異なった言葉、異なった文化、異なった人種、異なった学門、異なった方法論。それは彼の歩みの妨げにはならなかった。臨床も、又、答のない旅なのである。

そして空海は、後進の者に、彼が歩いた心の世界の地図を残した。未曾有で誰も全てを歩ききることはできないカオス。そこには十の大きな山がある。先ずは、その山の頂に登ればよい。そうすれば、十の異なった見方が得られる。そのようにして、心というカオスの概観を得ればよい。彼は旅の体験記として「心の世界の歩き方」なる本を書いた。これを読めば、私たち後進の者も安心して心の旅に出られる。それが、ここで取り上げる「秘蔵宝鑰」という書である。

以上で、「十住心」論のイメージは読者にも御理解いただけたかとおもう。

先ずは、空海は歴史的な文献展望を行った。

そして、それまでの東洋の心の研究者たち（冒険者たちというべきか）の説を十種類に分類した。この十の心の形（往心）は、それぞれが、心のモード、或いは、心の捉え方であった。それは、一見すると、単なる十のカテゴリー、つまり、分類に見える。しかし、そのような理解を空海は拒否するであろう。既に、指摘されている点を紹介する。

先ず、十の往心は横並びにすることができる。これは、「横《おう》の十往心」といわれる。それは、当時、既に社会にあった老子の道教、孔子の儒教、釈迦の仏教各派の説を要領よく整理して、十にまとめたものであった。現代流に言えば、臨床心理学各論の紹介である。

第二に、十往心は、もう一つの異なった見方ができる。つまり、十往心とは、第一から第十往心に至るまで、人間の「知」が「深み」へと至る過程を表したものでもある。これを「竪《じゅ》の十往心」という。これは、一人の人間の成長、つまり、個別発生を表す。それは、同時に、人知の歴史的な系統発生をも表す。つまり、紀元前の孔子等の思想から、その後の思想的発展を追い、その線上に、空海は自分の思想を明示したのである。それは、実に、「心」の発展史であった。

心の臨床家は多くの心の理論を学ぶ。それらは夜空の無数な星のように輝いて、私たちの眼を眩ませる。私は、その星空そのものを捉えたい。そして、心という未曾有の星空のなかに、一人一人の臨床家は自分の立ち位置を見定めなければならない。心を探索する旅。そこで多くの出来事に出会う。問題に応じて、多くの「横」の見方がある。同時に、心の旅は「深く」掘り下げる作業でもある。それは、足元の大地を「縦」に掘り進む作業である。こうして縦横の糸が編み込まれて、心の理論のダイナミズムが展開する。そのダイナミズムを捉えたい。探索こそが臨床の本質だからである。

重ねていう。求めているのは絶対知ではなくて、「知」のダイナミズムである。

第四章　この本の読み方

これまで、臨床で必要な「心」の概念枠について考えてきた。以下の章では、より詳細な考察に入る。「心」の概念枠は、合理的思考と、合理を超えた思考からなる。論理的思考と超論理的思考からなる。これを、単純に、「論理」と「メタ論理」と名付けて区別する。それぞれに、第二部と第三部を当てた。なお、臨床家の思考は、意識するか否かを問わず、常に、両者の間を飛躍しつづける。その両者の接点にあるのが、先に論じた「意外性」の体験である。その飛躍のダイナミズムを捉える。それが、本書での、人間理解の方法論である。

先ずは、第二部、「心の論理」では、臨床に必要な基本的視点を取り上げる。多くの臨床家が論じているテーマでもある。実際に、臨床の多様なケースと接するには、臨床家は、いくつかの視点と日常語ツールを、あらかじめ、準備して持っておく必要がある。それを持っていれば、臨床で問題が生じるに応じて、適切な視点に立って対処すればよい。そうすれば、「心」の多様性に対応できる。つまり、「心」を多次元的に立体視できる。臨床家はそのような工夫によって、絶対的な単一理論への誘惑から、自己を守る。

ここでは、我々が馴染んだ論理構成法が及びうる範囲内で、その限界まで思考する。つまり、この範囲では、ほぼ、通常の論理的な思考で理解できるはずである。つまり、第二部まで読んで終わっても、一応、本書を読解したことになるとおもう。

一流の精神療法家でも、本当に大事に考えていることは、本人には書けない。読者が行間を読み取る他にない。たしかに、論理的な説明ができないものが大事であるが、そればかり主張するとカリスマ的な指導者になる。これが精神療法を学ぶにしても、指導するにしても、私が、もっとも、危惧するところである。そして、私は、本書で、その不可能な処に理論を築きたいとおもう。

第三部は「心のメタ論理」である。

臨床行為について、論理的思考の限界点を超えて語ろうとする時、臨床家は「勘」や「コツ」や「技法」という言葉を用いる。それは、誤りではない。但し、その根拠を問われれば説明はできない。大抵は、引用文献を根拠にするが、そこには引用の、因果的な無限の連鎖が生まれるだけで、実は、根拠には至らない。本来、論理的な説明ができないから「勘」なのである。それでは、論理的でないからダメかというと、その逆である。

では、どうするか。

通常の論理的思考では、いずれ、行き詰まって身動きできなくなる。そこには、パラドックス、二律背反、論理矛盾、アポリアがある。しかし、臨床家の思考は、そこで終わることはない。むしろ、そこからこそ、臨床の重要な処になる。臨床家は、むしろ、比喩、論理飛躍などを武器にして、更に、心の深くに入りこむ。その時、実際には、何を思考しているのか。通常の論理的思考を超えた思考。私は、それを、「メタ論理」と名付けた。それは、価値観、思想、信仰の全てが関係する世界である。つまり、その語りの真実性は「語り手」にあり、この意味で語り手は「問われる存在」となる。その未知な世界で、私のような、特定の宗教も思想も持たない臨床家は何を思考するべきか。私が、ここで、注目するのは、人間の「受動性」と「全的肯定」である

この第三部は、本書で、もっとも、難解な部分だとおもう。ここでの私の思考が、どのような普遍的意味を持つかは、私自身、分かりかねる。誰が、これを読破するかも分かりかねる。しかし、心の臨床家の誰かが、一度は、この水準で考察しなければならないとおもう。そのための私の試論である。心の理論に一石投ずることができれば、本望である。勇敢な臨床家諸氏は、敢えて、大きな懐疑をもって読んでいただきたい。読者が「誤った信仰」に陥らないためである。この部分を超えて歩めば、既に、私を超えている。そのような論文を書いてくれる日を若い方に期待している。

なお、「どのような人に精神療法を学べばよいか」という問われる場合が多いので、ここで答え

ておく。私は大体、三つのことを答える。

第一には、同じ現場の先輩。これは学ぶ者の盲点にある。彼らは、それぞれの職種に応じた専門的知識を備えている。現場の知恵に学ぶことが、全ての、基礎である。使える「ハウツウ」が学べるのは、現場しかない。指導者は、必ずしも精神療法の専門家を名乗っている必要はない。

第二には、自分の症例を専門論文として書いている人。それは自己チェックをしている人である。専門誌に一般投稿してみれば、自分の論点が何処まで通用するか等、自分の弱点が直ぐに分かる。その人の原著を読んでから教えを乞うのが礼儀である。当然、指導内容も深まる。治療関係と同じく、会う前に大事なことは、既に、決着が付いている。

第三には、科学的思考ができる人、数的思考のできる人。言語は常に数的構造を内に持つ。専門理論は、先ずは、数理構造を持つ。それが臨床に構造を与える。現代の医学も心理学も、ほぼ、全ての専門職は基本的な点では数的思考と共にある。真に数的思考ができる人は、言語でしか語れないものを熟知している。言語だけで考えていては、臨床の言葉が狭く浅くなる。独断的になる。数学的思考が苦手という人は、諦めないでよい。なおさら、視野の広い臨床家を探すことが大事である。そうすれば、臨床の言葉が歪まないで済む。

それでは読者と共に、「心」の世界へと探索の旅に出よう。

第二部　心の論理

第一章　独我的自己

ここでは、「心」とは「私」のことである。

1．「私」とは何か

たまたま、その日だけ、私の外来に薬を取りに来た中年の男性がいた。彼は医師が誰であるかには関心なかった。多くの患者のように、彼も、又、ただ、薬を取りに来ただけだった。

「眠れないから薬を増やして欲しい」

症状を訴えては薬を求める。そして、症状が代わる度に薬物が増えた。患者と医師の信頼関係あってこその薬であるが、彼の処方に責任を持つ主治医はいなかった。

既に、多剤併用、いわゆる、薬漬けであった。如何にも日本の保険制度の欠陥を体現したような、善良な男性だった。私は多剤併用の危険性を簡単に説明し、減薬を勧めた。しかし、その勧めに彼は耳を貸さなかった。

『同じ処方をしますが、私の外来に続けて来ますか。そして、もし、貴方が薬を減らそうと思ったとき、私に言ってください』

そう答えなければ、次から、彼は医師を転々として薬を求めるのは自明だった。

彼は私の外来に通うようになった。それから何年も過ぎて、唐突に、彼は一人娘と二人で来院した。娘さんが口を開く。

「新聞に薬の常習について書いてありました。それで父にお医者さんは何といっているの、と聞いた。減らすように言われているというので、今日は付いてきました」

彼はバツが悪そうに付け加えた。

「今まで仕事で精一杯で薬が必要だった。でも、定年になった今は、もう、減らそうと思います」

誰も好んで薬漬けになりはしない。一人で娘を育てねばならなかった。多忙な勤務。医師への不信。頼りは自分と薬だけである。確かに、人は何かに頼ってこそ生きられる。それが依存欲求、つまり、「甘え」の欲求である。薬以外に彼に頼るべき何があったか。何故、彼は薬を止める決意をしたか。そのことを彼に伝えたくて、一寸した悪戯心も込めて、私は、彼にいった。

『良い薬を、私は見つけましたよ』

私の言葉に驚いて、二人は私を見た。

『良い薬を見つけました。それは娘さんですよ。良い娘さんを持って幸せですね、娘さんが居るから、もう、薬は止められますね』

薬を正しく使うのも人ならば、その人を支えるのも、又、人であった。

このケースでは、初めから、彼の「私」、つまり、「我」は明白だった。そして、一人娘という「他者」の登場で彼は、もう一つの自己を提示した。それは、初めから、分かっている彼の二面性だった。人の「心」は無際限である。その内の二面性ぐらいは、私にも予測できた。

2. 独我的な心

心の臨床家の仕事は、第一に、人の「心」を理解することである。

目の前に人の「心」がある。それでは「心」とは何か。如何に「在る」のか。

先ずは、その人にとって、心とは「私の」心である。彼が認識するように世界はある。彼自身が内観によって現象学的に観察し記述することができる世界。Ｅ・フッサールの精神現象学の世界。

JCOPY 88002-178

この時、心とは意識である。そこでは人間は「見る人」であり、「感じる人」であり、「判断する人」であり、主体であった。この範囲では、まだ、心の世界に生々しい他者は出現しない。他者の「私」なしに、自分だけを確かなものとおもう。その「自分」は、唯一者で、絶対的孤独と全能感の中にいる。それは独我的で幼児的である。独我という絶対的な孤独。「私」には能動性の意識しか与えられていない。先ずは、そのような心が見えてくる。

この時、「私」には、まだ、挫折する能力は与えられてはいない。

このような人間の姿を、空海は第一往心、つまり、「異生羝羊心《いしょうていようしん》」と名付けた。雄羊のように傍若無人、やりたい放題の人のことである。現代人の病理を表現するようで、この第一往心は生々しくて分かりやすい。空海の思索を紹介する。

人は皆、生育環境や遺伝などが、それぞれに異なっている。つまり、異なった因果関係で人は形作られている（因果の有）。そのため、自分自身は、自分が唯一固有な「私」という存在だと感じる（我の異生）。そのような「私」には「お前は誰か」と問うてくれる親切な他者はいない。つまり、当人は「自分が中心である」とおもう。その自己は、「私とは何か」と問うことはできない。「心とは何か」と問うこともできない。「私」そのものの真の姿（我の自性）とは何かと問うなど、考えつくはずもない。そのような「自分」には、重要な「何か」が欠如している。そのことを気付くはずもない。自分が「問われる存在」だと知ることもできない。こうして、空海の自我論は、独我的自己から「自性の空」へと悠々と展開していく。

独我的自己に固有な先入見がある。

これを空海は「断見」と名付けた。

自分が死ねば世界は消える。ここに、「人は死して気に帰りさらに生を受けず」という先入見（断見）が生まれる。それ故に、「私は何しても自由だ」という。サルトルの「自由の罪」。当時のパリの知識人の姿を見るようである。ここでも空海の批判は鋭い。人は死後のことは分からない。不可解にもかかわらず、死後に何も残らないと断ずることも、又、独我的な先入見であると。

臨床で、「生きるのが辛い」という人は未だ話し合える。しかし、切迫した自殺衝動に支配された人は、「私が死ぬのは私の自由だ」と断ずる。「死は自己決定権の行使だ、権利だ」とすらいう。内なる自然、死の欲動に圧倒的に支配された受動性の中で、己の受動性に気付かず、能動的自己に固執する姿は痛々しい。私はそこに独我的自己の病理を見る。土居はそこに「病的な罪悪感」を見る。

『貴方の命が貴方のものだとは、私はおもっていないよ』

私は端的にそう返答することもある。

JCOPY 88002-178

「そのように考えたことがない」

そういって、一寸、間をおいて考えてくれる人もいる。「人は天から命を預かっているだけだ。その命は大自然の一部なのだ」。このような「命」に関する平凡な言葉を、戦前の親たちは普通に子らに語っていた。時代精神が変化したのである。ここにも失われた「何か」がある。「命」、「生」、「死」という言葉が、心の臨床から失われたのである。

3. 独我的自己の病理

独我的自己は食欲・性欲等の内なる欲動に突き動かされる他に生きる方法はない。ここで、彼の語りは、家族愛という人間的な領域にまで切り込み容赦はない。

父子の相い親しむ。父子の親親たる、親の親たることを知らず。
夫婦の相い愛する、愛の愛たることを覚らず。
流水のごとく相い続き、飛焔のごとく相い助く。

「人を愛するといっても、磁石が鋼を吸うごとく引き合っているにすぎず、その力の正体を知らない」と空海はいう。つまり、家族の愛にこそ、「私の」愛という独我的な執着を見る。人間から、この「甘さ」は消えない。現代でも消えることはない。愛する人と人が「引き合う力」。「甘え」の欲求。そこに我の「三毒」が生まれる。「貪瞋癡《どんじんち》」、つまり、「むさぼり」、「ねたみ」、「おろかさ」である。なお、三毒とは十悪の内の三つに注目したものであるが、ここでは煩雑を避けて、三毒にのみ注目する。

なお、三悪の一つ、「おろかさ」について書き加える。それは人間に不可避な「おろかさ」のことである。人間の不完全さへの無自覚のことである。実は、「おろかさ（stupidity）」は洋の東西を問わず、思索家が好むテーマであった。日本には、精神科医、菅原道哉による仙台四郎についての研究がある。

「自我の確立」と自己決定が究極的目的とされた素朴な自由主義の時代があった。人は確かな自己を確立し、誤りのない自己決定ができて、しかも、それを単一・明白な言語で表明できる。確かな心のシェーマを手に入れられる。そう夢見た。しかし、そのような「確立した自我」の幻想こそが崩れる時代となった。

ようやく、人間に不可避な「おろかさ」への洞察がよみがえった。確固たる自己が可能であると信じたのは、或いは、地位ある、時代遅れの中年男性の願望充足ではなかったか。その彼らは、実際には、自分の生活の細部まで部下や家族に依存している。しかも、そのような自己の「受動性」に無自覚で、只、自分の全能感に従って、自分が全てを決定していると思っている。自分中心の閉ざされた思考。耳の痛い指摘が、主にパターナリズム研究の文献で繰り返された。

フロイトはいう。人間は内と外から自然の圧倒的な脅威にさらされた存在である。自然の圧倒的な力の前に、何もできずに、ただ、「無力（helpless）」で、「傷付きやすい（vulnerable）」存在にとどまる。圧倒的な自然の前での人間の無力、受動性。それに気付かずに、自己を世界の中心に置く人間の「おろかさ」。

その姿は、「おろかさ」というよりも、「おごり」という日本語に似つかわしい。

4．「自分」の意識と「甘え」の欲求

空海が注目した「人と人が引き合う力」。それを土居健郎は依存欲求、対象欲求と名付けた。その原型は母子関係にあり、対象と一体化する欲求、依存欲求と考えた。日本語には、その欲求を表現する「甘え」という言葉が、今も、奇跡的に生き残っている。そう考えた土居は、その一体化欲求を、「甘え」の欲求と呼んで、彼の心理学の基礎に置いた。つまり、「甘え」の欲求は関係を生み

出す力、他者との絆を生み出す力である。なお、フロイトは生物学的な性欲概念から欲求を論じたのに対して、土居は「甘え」の欲求は自我に属するとした。

人が社会化されると自己と他者の関係も分化してくる。そして、「自分」という意識が育つ。こうして、「自分がある」という状態になる。心も「オモテ」と「ウラ」に分化し、「大人」になる。土居の心象風景の記述では、このような日常語の使用が基本的な方法となった。

「日常語こそが現象に近い言葉である」。

日常語による語り。土居にとっては、日常語の意識的使用が臨床の基本技法となった。

彼は「自分」の意識と「甘え」の欲求の葛藤から心を捉えた。このような定式化を二項対立(antinomy)という。そこに、彼は、自己と他者、自他分離と一体化、独立と相互依存、能動と受動のアポリアを組み込んだ。

土居には珍しい私的なエピソードが書き残されている。それを紹介しよう。かつて、彼は学生運動の嵐の中にいる我が子にだけは、どうにか、その困難から免れさせたいと願った。その結果、逆に、その想いこそが子を傷つけたと知る。

彼の自己分析である。

JCOPY 88002-178

「私の」子供という意識の中にこそ、親として、とっくに卒業したはずの甘えがあった。無意識的な肉親の愛が我が子を傷つけた。人間的な愛の不完全さ。それに気付き後悔した。空海のいう、「愛の愛たることを覚らず」とは、このことであった。

フロイトは、「私というもの（das Ich, the I）」は何かと問うた。この語用法には、心を内部から描き出そうとした彼の精神現象学的な姿勢があった。日常語への関心があった。しかし、これは、英語圏では「自我（ego）」と訳された。そして、専門語としての「自我」という言葉は、多くは、自我機制（メカニズム）を指すようになった。土居健郎はフロイト以降の精神分析の曖昧な言語使用を嫌って、「自分」の意識という言葉で、自己を内側から現象学的に表現した。フッサールとの交流から独自の精神病理学を形成したヤスパースの記述的概念、「自我意識」という用語に従った。なお、空海の「我」という言葉は、論理的にはヤスパースの「自我意識」に対応する。しかし、これとは、やや、異なって、「自我」の「おろかさ」までも加味されている。つまり、「我を張った」、或いは、「自己中心的」、つまり、「未熟さ」、という意味合いがある。つまり、独我的である。

自我という幻想的な言葉を、疑いを持たずに用いる不用意な心の専門家にならないために、臨床家は、「私とは何か」について、あらかじめ考えておく必要がある。

5. 西欧的思惟と日本的思惟

ここで、土居の理論の概念枠を概論的に紹介しておこう。

早くも半世紀ほど前になる。西洋思想が置かれた状況を土居は次のように要約している。「西欧的思惟の特徴は主体の分裂ないし分離を既成事実として認めることから出発する」。これに対して、「日本的思惟の特徴は主格の分裂を否定することに、もっと心理的次元で論ずれば、分離の痛みを止揚し、分離の事実を否定することに存する」。こうして、彼は「甘え」という日本人の誰にでも分かる心性から考えようと思い至った。

読者の理解のために、敢えて、単純化する。「分離・独立」から発想する西洋的思惟と、「合一・依存」から発想する日本的思惟。「自分」の意識と「甘え」の欲求。「自我の確立」と「一体化欲求」。西欧合理主義、キリスト教、及び、日本的思惟。その対比は正に土居個人の思想的遍歴である。それこそが、彼の自己分析の中心テーマであった。ここに彼の思索の時代性がある。彼が用いる言葉には、西洋的思潮と東洋的思潮が矛盾に満ちたままに、互いを否定することなく共存していた。それこそが現代であることを、彼は他に先駆けて気付いていた。

さて、余談である。

上記の引用は土居の一九五六年の著作、「精神分析と精神病理」の序文にある。「先生はこのような文章を、既に、書いていたのですね」と、私が土居に話しかけたとき、土居は「そんなこと書いたかね」といわれた。まだ、記憶力の確かな、お元気なときだった。書籍は書いた時点で著者の手から離れる。しかし、書き残された心は消えない。その時、心は個人を超えた存在となる。それが書き言葉の力である。そう私は教えられた。

他者不在で、独我的であるはずの「私」に、既に、自己と他者、能動と受動のテーマがうごめき、善と悪のテーマが生じている。そこに、基本的な問題が生じてくる。「私」と他者は、本当に、「共感」しあえるのか。

あるいは、共感の一語は臨床家の自己満足的な虚構に過ぎないのか。

こうして、考察は他者との出会いに導かれる。

第二章　相互的自己

ここでは、「心」とは、「私」と「他者」の出会いのことである。

1. 受動性のテーマ

人の心を「分かる」という出来事は、人と人との出会いの中で起きる。独我的な自己の世界にも、この「私」と同じ構造を持った他者が出現する。他者とは、もう一人の「私」である。

他者とは親であり、師であり、隣人であり、無縁の他者である。それは時に、「不気味な他者」であり、妄想的な迫害者でもある。実際に、被害妄想においては、私の生活を破壊する匿名的な他者が登場する。「迫害者が誰かは分からない。見つけても、すぐに、人混みに紛れてしまう」という。

他者の登場までは、「私」は単に見る人だった。私は逃れることのできない能動の中にいた。それが、今や、「私」は他者から見られる存在に変化した。「私」という体験の中に、視線恐怖と被害妄想の世界が開けた。他者の出現によって独我的な自己も受動的な存在、「問われる存在」となった。

こうして、ようやく、「私」にも挫折する能力、つまり、人間的思考が与えられた。このような人と人の関係を、私と他者の「相互性（reciprocity）」という。「私」と「他者」が一種のミラーイメージとして相互に向き合うのである。他者の出現と共に社会性と善悪のテーマが出現する。その鍵概念として、自己の「受動性」のテーマがある。

晩年、フロイト自身、自らの死の予感の中で、「死の欲動」論を書き、宗教論を経て神話学へと脱皮した。その時期に自らの喉頭癌の中で書いた「終わりある分析と終わりなき分析」という有名な論文がある。そこで、フロイトは、治療における「受動性」について論じている。

治療終結時に患者が「回復への抵抗」を示す。つまり、治療終結に逆らうように生ずる心理的抵抗がある。治療者の健全な自我が患者の健全な自我と同盟を結ぶことによって、平和的に治療は終了する。そういいたいところである。しかし、フロイトは、そうはいわない。その逆に、何かの理由で患者の自我は改善を新しい危機と感じている。このため自我は治療者に受動的に固着する。患者の関心は他の対象へと向かうことができない。つまり、治療関係は終結できなくなる。このように、自我は無意識に変化に抵抗する。治療とは現状を維持しようとする患者の「惰性」、つまり、「受動性」との戦いである。フロイトの受動性に関する考察はここで終わってしまう。フロイトには、「受

何故、患者の依存欲求、「甘え」が見えなかったか。土居は、それが不思議であるという。

その後、受動性に注目したのは土居である。彼は「甘え」の欲求を「愛されたい欲求（the desire to be loved）」と表現した。受身型で欲求を定義したのは、彼が初めてだったろう。同時に、土居の「甘え」概念を引用して、M・バリントも、又、「受身的対象愛（passive object love）」という新しい説明概念を提示した。人には「愛する」だけではなくて、「愛されたい」欲求がある。西欧の言語では能動的感情と受動的感情を区別できないから、「受動的」という言葉を用いて造語しなくてはならなかった、と彼は説明した。

他者の出現により、「私」は漸く受動性を身につける。

受動性について、土居から何度も聞いた言葉がある。

「だって、そうだろう、君。皆、自分の意志で考えて決断して生きていると思っているけど、人間は、本当は受動的な存在だとは思わないか」

ある時、私は高野山で十善戒について話を聴く機会を持った。

「貪ってはならない」、「妬んではならない」、「奢ってはならない」等々。その時、即座に、「これを守るのは私には無理だ」と、私は思った。「善」という言葉にすら、偽善を読みとる、当時の私だった。

その瞬間、僧侶はいった。「十善戒というのは守るか否かではないですよ。それを貴方がされたら、どう感じるか。そう考えると分かりますよ」。受動性の自覚。私にはその発想法はなかった。受動性を意識して自分の心を見ると、微かに、何かが見えてきた。善なる行為ができないことと、その心が存在しないことは異なる。そう知らされて、流石、聖職者は心のプロだなと感服した。

悪を行いうる以上は、その人は善を知っていることになる。

切迫した自殺念慮の人に、「あなたの命ではない」と治療者が応えるならば、それは人間存在の受動性という概念があるからだ。「心」を、より大きな「自然」の中に捉えたからだ。

自己と他者という西洋哲学的な定式化は理屈としては分かりやすい。しかし、人間世界の現象記述としては深まらない。

むしろ、ここでは、考察の準備として、土居の対人関係論を紹介しておく。患者の対人関係の特徴を緻密に記述したいときに、大変、役に立つ。知っていると便利な日本語ツールである。この日本語ツールを用いると、疾病特異的な対人関係を、患者が明確に語れることが多い。

土居は日本人の対人関係を三つの同心円で描く。中心の円には「私」がいる。その回りに「身内」がいる。家族、親しい友人・親戚等である。そこでは如何なる「甘え」も許され、甘えは「恥」の対象とはならない。そこでは「甘え」と「恨み」というアンビバレンスが剥き出しになる。

その外の円には「世間」がある。そこには、「隠れた甘え」がある。つまり、「甘えたくても甘えられない」。それが、「恥」の心理である。恥ずかしいことをすれば世間に向ける顔がない。これが神経症の心理である。ここが、対人不安などの神経症症状が発現する場である。

一番外の円の、さらに外に「他人」がいる。それは「無縁」の者であって、そこには甘えがないから、恥もない。「旅の恥はかき捨て」である。ここにこそ、被害妄想の迫害者が登場する。実は、後に取り上げるが、この「無縁」の者への感性こそが、土居のいう「真性の罪悪感」の舞台となり、空海の思索の鍵になる。そして、臨床の患者たちが、如何に、「無縁」の他者に鋭敏に反応するかは、臨床家である私の予想を遥かに超えていた。この点は、随時、説明する。

2. 受動性の臨床

受動性が人間の最終的で、最深部にあるテーマであるとすれば、それは、最も、重要なクライシス、つまり、切迫した自殺念慮への対応において有効な概念のはずである。実際に、私が患者の受動性を意識して入院説得した症例を紹介する。なお、これも専門家向けに書いた記録ではないので、その積りで読んでいただきたい。

恵まれた育ち、知性と容貌にも恵まれ、人が羨むような若い女性である。若い女性らしい悩みはあった。しかし、それは若者に当然の悩みであり、何故、彼女が精神科に来たのか、実は、私には分かっていなかった。

しかし、ある時、事情は急変した。彼女は、「死にたい」という衝動に耐えられなくなった。そして、身を護るために、一時、母の元に身を寄せた。しかし、家族の目を盗んで、山に入り入水自殺を試みた。偶然、通行人に助けられた。

母が途方に暮れたのは、当然であった。死の衝動に支配された人の心の動きは異様に鋭い。その衝動は医師の、そして、本人の予測すら裏切って、人を死に導く。

精神科医が、避けることはできない決定的な瞬間である。一瞬の迷いが命取りになる。そう自分に言い聞かせて、彼女と話し合う。

『貴女が何故、私の処に来たのか、今、分かった気がします。何時、死ぬか分からない危うさを、何時も、感じていたのですね。どうしたら、死ぬことから自分を守れるか。一緒に考えましょう』

彼女は項垂れ、長い髪の毛で顔を被ったまま、黙って、頷いた。しかし、どう話し合っても、良い考えは出なかった。

『どうすれば生き残れるか。自分で考えようとして、疲れてしまったのですね』

又、黙って、大きく頷く。私は続けた。

『しばらくは、貴女は自分の責任で考えなくても良いのではないですか。貴女は驚くとおもうが、そういう時は閉鎖病棟に入って生き延びるのが、一番、良いとおもう。閉鎖という意味は、生死について考えることも、貴女の生死も全て、病院が責任を持つということですよ。そこで全部、専門家に委ねたらいい』

うつむいたまま、彼女は一言だけいった。

「うれしいです……」

間もなく退院した。

彼女は、この体験で自分が「死にたい」のではなくて、「生きたい」のだと気づいたであろうか。

今後、この一言が彼女の存在理由になり、彼女を生かすであろうか。

しかし、同じことを繰り返さない保証はない。生命は反復なのだから……。

切迫した自殺念慮ある者に関しては、安心感を保障することが大事である。つまり、他者が完全に守るという体制を構築することによって、受動性を受け止めるのである。受動性、保護（パターナリズム）の概念が治療者の中にないと、患者を守れないし、適切に話せない。

安易に、自己決定に任せれば、このような人は危険性が極めて高い。

なお、パターナリズムを日本語では「保護」と訳すことが多い。しかし、その語源はラテン語の「pater」、つまり、「父」である。丁寧に訳せば、「父権的介入」であり、力の行使を表現する。一方、日本語の「保護」は母性的な言葉であり、「やさしさ」を意味する。翻訳語を用いる際の注意点が、ここにもある。このような微妙な差異が、言語の文化依存性を明示し、又、文化特性をも可視的にするのである。

自殺衝動を攻撃性の内向と解釈するのは可能であるが、それに面接のみで対応するのでは、具体性に欠き、極めて、危険である。私が調べた範囲では、フロイト自身は自殺を病理的な現象として論じてはいない。むしろ、フロイトが「死」に関連して語るのは攻撃性ではなくて破壊性、つまり、「死の欲動」である。それは抗いがたいものとして描かれている（拙著、「死の欲動」）。

心の臨床とは非自発入院を含む多くの方法によって構成されている。面接法はそのほんの一部であり、一様に、形式的なハウツウを適用することは、この点では、実験的医療の誹りをまぬがれない。精神療法が持つべき絶対的な限界設定を忘れてはならない。

3. 倫理の発生

第二往心は「愚童持斎心《ぐどうじさいしん》」である。

空海は、ここで、孔子の儒教を取り上げる。ちなみに、孔子は紀元前五五二年、春秋時代に生まれ紀元前四七九年に去ったとされる。孔子と空海の時代差は、空海から後、私たちと同じ位、一二〇〇年ほどの年数である。思想史とは、そのようなスパンで捉えるべきだと教えられる。空海は中国の五常（仁・義・礼・智・信）と、インドの十善戒（仏教では、不偸盗、不邪淫、不妄語、不綺語、不悪口、不両舌、不慳貪、不瞋恚、不邪見）という倫理規範を取り上げる。先ずは、空海の一節である。

禿《かぶろ》なる樹、定んで禿なるに非ず。春に遇うときは即ち栄え華さく

JCOPY 88002-178

葉のない禿げた樹も、自然の条件さえ整えば、例えば、春になれば、芽も出るし、花も咲かせる。樹には定まった性質（自性）があるわけではない。同じように、自分勝手な雄羊、独我的自己にも、実は、定まった性質があるわけではない。人は「おろか」な存在であっても、ある時、内なる悪を理解する。自己の愚かさを自覚すれば賢者にもなる。人は常に悪をのみ行って満足はしない。何時も、自我に執着し、独我的自己にとどまるわけでもない。

ある契機で他者への「やさしさ」が表現される。そのような心、「持斎心」が人にはある。そう空海は断言する。持斎心という言葉は空海の思索の中核をなす。飢餓の中で自ら節食して他人に食を与える心。そのような心を人間は自ずと内に持っているという。それは他人に押し付けられたものではない。人間に不可避で内発的な自然な心の動きである。それこそが仏心の「種子」となり、そこから大きな善なる心が育つ。

このような考え方は、多分、人間肯定の考え方と呼べばよいのだろう。それに読者は共感するだろうか。しかし、ただちに、それに同意する人は、余程、時代離れした「ウブ」な心を持った人であろう。安易に同意はできない。そのような疑念にとどまるのが、多くの現代人であろう。

このように私が考える今も、テレビではニュースが流れている。ある女性が初老の男性を踏み切りで救って、自らは、この世を去った。まさに、それが「持斎心」であろう。持斎心という言葉を、私が、我がこととして、容易に理解できないのは、私が大人だからか、現代人だからか、私がそのように行動できない人間だからであろうか。或いは、私が心の臨床家だからか。臨床で余りに絶望的な心を見てきたからだろうか。

対人恐怖に悩む女性に、このニュースについて聞いてみた。

「その方の気持ちが、私には分かります。私も、きっと、そうすると思います」

彼女は迷いなく応えた。「無縁」の他者に対する、そのような「ウブな心」。それを持つ彼女にとっては、他者に無関心な健常者こそが恐ろしい存在だった。そういう鋭敏な人たちと、臨床家は話しているのである。安易な口先の言い逃れが通用するはずもない。

もっとも、ウブな心と、真の絶望を知る心こそが、持斎心をも知るのであろうか。そもそも、人は内なる善の心を洞察することに、耐えられる存在なのだろうか。そのように想像することだけは、私にも、可能である。

臨床で患者の死に接したとき、私は一瞬、心の中で手を合わせる。そして、次の瞬間、目の前にいる他の患者に集中する。臨床家は業務において、生き残る責務を負う。では、臨床家としての「私」は、どこに、持斎心を見出せるのであろうか。それは、所詮、無理な要請なのだろうか。

少なくとも、現代は、多様な価値がひしめき合い、何が真実かは、容易には分からない。その中で、治療者は患者の「心」の何を、如何にして、「分かる」のか。どのような共通項をもって、分かり合えるのか。共通項となる「何か」。それを求めて、私は土居と何度も話し合った。本書では、その成り行きを紹介しつつ、そこにある秘密を開明していきたい。読者も各自の体験の中で考えていただきたい。

このように語る、今、私は幼児期の記憶を想いだしている。

何が善で、何が悪かも、分からない、戦後の混乱の世界で、私は育った。

私が五、六歳のころであった。当時の東京には、まだ、アメリカ兵が進駐軍として沢山いた。ある昼下がり、一人の若い兵士がバイクで通りかかった。道は舗装されておらず荒れていた。余程、急いだのだろう、若い兵士は目の前で、大きな荷物箱を落としてしまった。その箱一杯に入っていたボルトが道に散乱した。当然、彼はそれを拾い始めた。重装備のヘルメットの中の幼い顔が私には見えた。異邦人の注目の中で助けを求めることもできず、一人、必死で拾う姿は、只、哀れだった。たまたま、一番、近くにいたのは私だった。私は何の疑いもなく、その若者と並んで、黙って、ボルトを拾い始めた。当然、下町のやさしい大人たちが加わってくる、と私は思った。彼らは、何時も、幼い私を助けてくれたから……。しかし、驚いたことに、皆、遠巻きに眺めるだけで、私たちに手を貸すものはいなかった。何故、皆が助けないのか、幼い私には分からなかった。十分もあれば拾い終えた。彼はホッとした笑顔で私に礼らしき言葉をいい、チョコレートを残して去った。

私は母にそれを自慢気に報告した。褒めて欲しかったのであろう。しかし、驚いたことに母は激怒した。「何故、アメリカ兵から貰ったか」。やさしい母の意外な怒りだった。その時、私は激怒の本当の理由を知らなかった。それは母の弟が南方で戦死した直後の出来事だった……。

このエピソードは私にはノスタルジックな甘い風景である。

善人しか登場しない。皆、自分の与えられた「生」を必死に生きている善人だった。皆が異なった善を追従する。皆が小さな過ちを犯している。ある人の善は他者の悪となる。子供ですら、この程度の葛藤を生きている。心の臨床にくる人の葛藤は、もっと、複雑である。患者のいう事実と、家族の事実、近隣の事実が皆、異なり、しかも、皆、真実である。心の臨床家は、その全てに共感しながらも、どの一人に味方しても、事態は悪化するだけである。

善も悪も、多種多数あるとしたら、複雑な現実の中で、臨床家として、一人の人間として、一つの行為形成を覚悟すること、一つの言葉を選んで話すことこそが、困難となる。一言の日常語を専門家として発することの恐ろしさ。生きた世界、心の臨床の現実は余りにも多様である。

人は皆、真実を語る。しかし、人は皆、異なった真実を語る。

現代の頭脳が行き着くところは、「多重現実、多重真実（multiple realities, multiple truths）」という状況である。深く掘り進むほど、膨大なカオスが見えてくる。結局、透徹した観察が最後に見るのはカオスだ、ということになる。現代は尚更である。そこでは「善」、そのものが多様性をもっている。それが、現代である。

そして、そのような現実にかかわろうとする、心の臨床家は、多くの価値にかかわり、しかも、そのどれもから、中立でなくてはならない。それが、臨床の要請である。それが、臨床家の価値中立性の実像である。

精神療法家の居場所、価値中立性の根拠が問われている。

先に、「心の探求」という本で書いた一節をここで紹介する。

むしろ人生の重大事に必ず回帰する問。それは答が「見えない」問である。「何故、私は生まれてきたのか」、「何故、私は生き続けなくてはならないのか」、「何故、殺してはならないのか」、「何故、人は死なねばならないのか」、「何故、私は存在するのか」等々である。

答の見えない思考は多くは病的思考ですらある。従って、心の臨床家としては、「そのようなことを考えるのは苦しいだけだよ」と答えることが必要な場合もある。そう語るときですら、「人間だから、そういうことを考えますよね」と答えることを忘れない。そこに何らかの肯定が必要になる。未知なる肯定がある。答が「見えない」ことと答がないこととは違う。肯定。答が見えない問は、その問が無意味であることを意味しない。「生きること」においては、むしろ、その逆である。

人は人間であることを病むのだとおもう。病んでさえも、答のない問は人間であることを示すエビデンスなのではないかとおもう。「人間とは」という問は、カント流にいえば義務論的問である。人間である限り状況に応じて答を探るべく、個々人に課せられた義務的な問である。古来の思索家たちが時代を超えて考え続けた問である。「生きる」ことへの究極的な問は「生きている」ことの究極的なエビデンスとなる……、と私の患者たちは語っているように私には思える。単に目先の答が見えないという些々な理由から、長い時代を考え継がれてきた究極的な問から目を逸らす。目を逸らすことが可能であるかの如く振る舞う。そのように否定する権限が、生まれたばかりの心の専門家には与えられているはずもない。ここに心の研究が守るべき限界設定が在る。守るべき節度が在る。但し、これが心の専門家によって、もっとも頻繁に破られるタブーでもある。タブーの在るところに誘惑が在る。「私は確かなものを見た」と語りたい誘惑が専門家には在る。その時、人は「神の名」を語る誘惑に負けるのであろう。

心の臨床家とはいっても、人の苦しみを取り去る魔法のようなクスリを持っているわけではない。むしろ、苦痛を「あるがまま」に受け止め、その痛みにこそ、その人の存在理由を見出す他にない。

その時、私の仕事は一つの言葉を語ることである。私は言うかも知れない。

『その苦しみがあるかぎり、それは、貴方が人間だという証拠ではないですか』

心の臨床家の日常で自然に語られるのは、このような平凡な言葉である。若い頃、私は土居に、「君にその苦しみがある間は、大丈夫、君は臨床家でいられるよ」と言われ、不思議な安堵感を得たことがある。このような言葉に含まれる「何か」。それを今、私は語り継ごうとしている。

一見したところでは、フロイトの倫理問題についての理論構成は単純である。社会から道徳が心の中に取り込まれ超自我となる。それ故に、超自我と自我の葛藤が生ずる。これに対して、空海は人には自ら、善と悪と、それを超えた持斎心があるという。確かに、人の中に悪があり、善があるからこそ倫理学が成立する。理論構成だけをみると、空海とフロイトは全く異なるようにみえる。特に、フロイトの心の理論、つまり、メタサイコロジーでは、心は超自我と自我とエスの三層構造から説明される。これ程、人を「分かった」気にさせる図式はなかった。ヤスパースがフロイトを批判してドグマ的な存在論としたのは、このような点である。しかし、フロイトは多くの図式を作成しては放棄しつづけた。彼にとって精神分析とは、そのようなダイナミズムであり、彼自身は常に探索者であった。死の瞬間にモルヒネの注射を肯定するときでさえ、探索的な彼の姿勢は変わらなかった。但し、弟子たちが書き残したように、彼は、時に、余りにも、ファナティックであった。フロイトのドグマ的な存在論ではなくて、彼の「知」のダイナミズムこそが語り継ぐに値する。

4. 臨床家の五年目のスランプ

臨床に入ったばかりは、何も分からず、ただ、必死である。そのような時期は、数年で過ぎる。そして、出会う患者が、皆、元気になって去っていくように見える。そして、臨床家としてやっていけると秘かな自信を持つ。

しかし、心の臨床家となって五年もたつと、再び、治療の無力に気づき、日々の業務を苦しく感じるようになる。それが「五年目のスランプ」である。自分は臨床で無力とおもう。それが苦しくて必死に学ぶ。こういう時に資格やハウツウにすがりたくなる。溺れる者は藁をも掴む、の心境である。私がフロイトの精神分析に傾斜したのも、その頃だった。ところが、学べば学ぶほど専門知識そのものが浅薄に見えてくる。無力感は強くなる。苦しくなる。自分に向かない仕事とおもう。

その頃である。人間は私の理解を遥かに超えた存在であり、まだ、私は人の心に触れてさえいなかった、と思い知らされるのは……。

こうして、やっと、その挫折感そのものが答だったと気付く。

私が未だ二十代の頃、最前線の精神病院に急性錯乱で若い男性が入院した。私より少し年上で頭の切れる人だった。当時の私は最先端の専門知識を学んだ自負があった。そんな私の治療態度の一つ一つが彼の癇に障ったのであろうか。彼は常に反抗的で挑戦的だった。

その彼が外泊した。実家から帰った彼はしみじみと静かだった。

「私は父を憎み反抗していたのです。しかし、父は弱って哀れでした。私は先生も、随分、困らせたと思います。でも、本当は、先生に感謝しているのです」

私は安堵した。

良くなった。もう退院は近い。私は次の外泊を許可した。彼の自殺が伝えられたのは、その数日後だった。私の初めての自殺例だった。意外にも、彼に対する反応は「怒り」だった。「私の」患者だけは自殺させまい。その決心こそが私の無知な「おごり」と知った。

彼は何故、生きられなかったのか。

彼は何時も病室のベットを散らかしては看護師を困らせていた。しかし、外泊の日に限っては、綺麗に片付けてあった。身辺整理。感謝の言葉。回復期の自殺。私がベテランの医師ならば、否、「おごり」のない只のヤブ医者になっていたならば、当然、見抜けたであろう。彼は生きられたであろう。私の怒りは、私の未熟さに向けたものであった。

何十年も経て、今はおもう。

彼が私に感謝すると言った言葉に、嘘はなかったのだと。私より少し大人だった彼は、彼の心に触れることができず焦る未熟な私を、兄貴分らしく気遣って、「俺は逝くから、お前はお前の道を行けよ。頑張れよ。俺が感謝しているのだから」といったのではなかったか。

感謝は別れと共にある。別れには、巣立ちと死がある。そして、感謝の言葉が残される。それを教えて彼は去った。

「先生、有難うございます」

『また、困ったらいらっしゃいね』

治療終了時の別れの挨拶。この最も平凡な言葉。それもまた、多くの痛みによって語り継がれたものだった。

私にとって、「心」とは「死」であった。

東日本大震災の時、幾人かの患者が診察予約をも待たずに現地に飛んだ。

それは、医療班が組織され、スタッフが現地に飛ぶ遥か以前のことだった。それは無謀ですらあった。しかし、自室に閉じこもり、診察室でも否定的な言葉しか口にしない患者が「無縁」の者に対して、これ程に鋭敏に反応する。その「ウブ」な心。それを治療者の私は予測すらできなかった。否。もし、私がそれを予測したら、危険防止のために、彼らを現地に行かせなかっただろう。彼らはそれを知っていたから、私に相談しなかった。私は彼らにとって、所詮、此岸の人だった。治療者である私には予測すらできないもの。人間の無力を知ったものに特権的な「やさしさ」。無力を知ったものに固有な力。私の知らない深い心の動き。治療者が及び得ないもの。それが持斎心なのだろうか。無力感を患者と共有する。それを二人の力にする。それが「共感」だと学んだ。

しかし、彼が示した、そのような「やさしさ」を、臨床家の「私」の奈辺に見出せるというのだろうか。私は、そこに臨床家としての、私の限界を見た。

ある時、私は土居先生にいった。

『私は人を助けられると思ったことはないのです』

その答は意外だった。

「……そうかね、偉いね」

自分では愚痴をいったつもりが、褒められた。不可能と思い、臨床にとどまること。それが心の臨床だと知らされた。何もできないから苦しいのではない。臨床の無力を知り尽くしていた積りの私の中に、まだ、人を救えるという「おごり」が在った。そう気付かされ驚いた。人間の無力。それを、より深く知るのは眼前の患者だった。

臨床家の挫折感は、患者が一人の人間として見えてきたという自覚なのである。私にとって、その当たり前のことこそが、一番、学ぶのに困難であった。

こうして臨床が辛いという後輩に、私はいうようになった。

「貴方が苦しい分だけ、相手は楽になるよ」

臨床家が一番、見落としやすいものは、患者が示す「やさしさ」である。それを見えなくするのは、やはり、臨床家の「おごり」だった。

善意は人に伝わりにくい。悪意は自然に伝わる。

人間の中に消すことのできない「やさしさ」。それこそが臨床家の盲点にある。「五年目のスランプ」の正体は、治療者の自己が人間理解から、未だ、遠いところにあるという予感であった。

実際、臨床家になったとき、私は「人と出会う」という大それたことなどは、考えていなかった。臨床は、私の仕事にすぎない。技法を学んで、それを適用すればよい。それで全ては済む。決して、私は臨床で苦しむまい。私は臨床の偽善者ではない。そう決めていた。おろかにも、それが可能と思っていた。その私が、「臨床が重い」、「臨床が辛い」と感じた。私は、私の「心」の揺らぎを自分で理解できなかった。

その心を自己分析した。

過去にも、他人に対して、私が、そのような切迫した痛みを感じたことはあった。しかし、それでも他人に、自ら関わったことは、過去にはなかった。その必要もなかった。まだ、私は逃げられた。子供であった。今から思えば、臨床家の「おそれ」は、相手が一人の「人」に見えた証拠であった。しかも、臨床では、治療者は、そこから、逃げられない。

「持斎心」を臨床家に見出すとすれば、それは、患者への見かけの「やさしさ」ではない。むしろ、初心者の「おそれ」であった。それは避けられないものであった。その時、「人」と触れて、その存在を感じ、その人の「生」に触れて、その人の内なる自然の猛威を知り、そこに責任をもつことを「畏れる」のである。その時、臨床家は自然への畏敬を学んでいるのである。臨床家から、その「おそれ」を消し去れば楽である。しかし、その時、臨床家は「人間」を止めるのだろう。それが、ハウツウに逃げ込むことの危険性である。

ここまで、「持斎心」をめぐって、結論のない考察をつづけてきた。持斎心とは仏心のことだといわれても、仏という日常語に馴染みのない私は困惑するだけだった。むしろ、善悪という倫理的テーマを、空海が持斎「心」、つまり、心の問題として提示したことが新鮮であった。「善なる心とは何か」という、すぐには答のない問。当面、私は、その問の存在を忘れなければよいだろう。私にとっては、西洋倫理学の抽象概念よりも、その方が現実的かもしれない。それだけで、臨床で不可能な課題を前にしたとき、「如何なる心をもって応ずべきか」と、私に考えさせてくれる。

さて、人間の営みが無力と知ったとき、人は「天」を見る。そこに、究極的な願望、つまり、「隠れた祈り」が見えてくる。こうして、第三章に入る。

第三章　隠れた願望

ここでは、「心」とは、「隠れた願望」のことである。

1．天を願う心

人と人との出会いがあって、初めて、人を「分かる」という体験が成立する。それでは、自己と他者の相互的な出会いを考えれば事足りるのか。そこに出現するのが絶対的他者、つまり、「天」、「神」というテーマである。

こうして、空海の思索は第三往心、「嬰童無畏心《ようどうむいしん》」に入る。テーマは「天」と「神」である。

空海はこれを説明して、「外道人を厭い、凡夫天を欣《ねが》うの心なり」という。外道とは仏教以外の思想・宗教のことである。ここで空海は、人の世を嫌い、天に生まれ変わろうとする人間の願望を取り上げた。ここから、祈りと信仰のテーマ、つまり、真の第三項の考察へと踏み込む。そして、ここでも、私は私自身を無宗教者と自己規定して考察をつづける。それが、唯一、私に染み付いた思考の方法論だからである。

空海が取り上げるのは老子の道教である。老子は生年も評価も定かではない。しかし、孔子が教えを乞うたというから、孔子よりも少しだけ昔の人間のようである。老子の影響は広く、江戸時代の学者、貝原益軒の養生訓にも見られる。現代の健康科学との関連も深い。

空海は老子その人よりも、むしろ、極端な来世思想を批判する。つまり、この世を厭い、自分だけは天に生まれ変わりたいと願う風潮。いわば死に急ぎを批判した。これは、自殺念慮という重大な臨床テーマと深く関わる点である。彼の時代には、ある物を食すれば、或いは、聖なる川に身を投げれば、天に行けるなどの、危うい信心が沢山あったらしい。自己救済だけを願う心に対する空海の批判は一貫して容赦がない。

「天に向かって矢を射ても力尽きて地に堕ちるのと同じで、そのような試みは皆、地に堕ちるだけだ」と言い切る。

空海の現実主義は、ここでも小気味よい。

それでは、「天を願う心」、そのものは誤りだろうか。救いを求めるという点では、仏教と他の宗教は同じではないか。そう空海は自問する。そして、彼は自ら応える。

独我的自己には断見という極論があった。それは、「死後は灰になって全て消えてしまう」という極論だった。これに対して、天に生まれ変わりたいという願望の背後には、「人は死んでも霊魂は不変である」という先入見（「常見」）がある。断見と正反対の先入見である。断見と常見。その二つは、人が陥りやすい両極端（「二辺」）、二つの先入見である。

何故、死後のことを知っているように語るのか。

これらの両極端においては、共に、人は有・無の「二見」にとらわれているだけなのだ。つまり、因縁の「有」を見なければ断見に堕ちる。一方、自性の「空」を見なければ、人は常見に堕ちる。両極端な見方に執着すること。その「とらわれ」が問題なのだ。そう空海は指摘する。

「自分こそが真理に達しうる」という独我的な思い込みに、空海は人間の「おごり」を見たのであろう。空海の答は、常に、「中道」であった。中道とは「非有・非無」である。有と無。どちらも正しく、どちらも誤っている。人はパラドックスを生きる他にない。

有と無の二項対立の間隙に中道がある。そこにこそ、真正の祈りの世界がある。

サルトルによる存在と無の二元論に対するメルロ＝ポンティの批判。存在と無の二項対立の間隙にある「残余」こそが、膨大で、そこにこそ、もっとも重要なものが秘められている。

その批判を聞くようで小気味よい。

それでは、空海は神を否定したのだろうか。

確かに、空海は神を語らない。しかし、空海が地上の聖地を求めて和歌山の紀の川に至ったとき、白と黒の犬を引き連れた狩人に出会った。狩人は二匹の犬に命じて空海を高野山に案内した。それは山裾に住み、当時のハイテクを駆使して「丹生（水銀）」を生産した一族であった。今も、彼らの産土神を祭るのが丹生都比売《にうつひめ》神社である。それ以来、高野山を訪れる者は、この神社に詣でてから、百町石道を通って高野山に登る。今も、高野山の中心である根本大塔の隣に、その分社が祭られている。日本の寺社には産土神、或いは、守護神が祭られる。見事に神仏が分離しながらも、何の矛盾もなく一体である。人は大切なことを敢えて言葉にはしない。特に、「神の名」は常に禁止の中にある。そこに、「中空の祈り」が見えてくる。そのような空海の心の世界を、今、たどっているのである。

なお、この情報は高野山、無量光院の土生川正道先生から教えていただいた。実に、その地は先生の生まれ故郷であった。

「高野山の人は丹生都比売神社に脚を向けては寝られないのですよ」

仏でもあり、神でもあるもの。無宗教の私にとっては、仏でもなく、神でもないもの。更に、その全てを、「あるがまま」に受け入れる、より大きなもの。既に、私は、その秘密の探索に出た。歩かなければ出会えない人がいる。脚でないと手に入らない知恵がある。私の中で、不思議に全てが一つに収斂していった。

私と他者の相互的な出会い。そこに不可避的に第三項、「天」、「神」、或いは、絶対的な「他」が登場する。「それ」は人と人の出会いを超えて、その中に立ち現れ、「生」に意味を与える何かである。それは真理と祈りの生ずる処でもある。第三人称、つまり、日本語の「それ」、英語の「It」、ドイツ語の「エス（Es）」で表す「何か」。「第三者」とは何であろうか。

2.「甘え」と「恨み」のアンビバレンツ

祈りのテーマが導入された。このことによって、土居の思索を紹介することが可能になった。「甘え」と「恨み」のアンビバレンツに関する土居の考察。土居は、そこに、人間の基本的葛藤を見た。

幼児と母の間には、微笑ましい「ウブな甘え」がある。イエスと母なるマリアの姿、ピエタ像。

イエスの言葉に、ただ、無心に聞き入るベタニアのマリア。その何の計算もないウブな心、土居はその「ウブな甘え」に真性の「祈り」を見た。このようにして、「幼児のごとくならずば、天国に入るを得ず」という聖書の一節を、土居は理解した。

しかし、その幼児のウブな甘えこそが、一度、不機嫌になると手のつけられない暴君となる。全てを手中に収めないと気がすまない。「名月をとってくれろと泣く子かな（一茶）」である。その時、甘えは、「むさぼり」、「ねたみ」、「おろかさ」という三毒そのままの姿に変化する。この二面性を土居は、「ウブな甘え」と「病的な甘え」と表現した。土居が「甘え」と「恨み」のアンビバレンツ（両価性）と呼ぶのは、このことである。

人間の愛に秘められた二面性。清と濁。大人においても、人は、そこから自由にはなれない。

なお、土居は「甘え」の二面性に対応して、罪悪感も二つに分ける。「真性」の罪悪感と「病的」な罪悪感である。心の臨床で初心者が感ずる「おそれ」は、質的には前者に近い。それは臨床家の証である。人間である自覚である。空海ならば、それを「持斎心」と呼ぶかも知れない。

フロイトから土居に引き継がれた罪悪感に関する考察は、罪悪感の分析としても、日本語ツールとしても、魅力的である。私は、それを「甘えとスピリチュアリティ」という本に書いた。ここで、それを簡潔に紹介しておく。

乳児期の「甘え」と「恨み」のアンビバレンツは未分化であって、この時期の罪意識は強い恐怖感を伴う。それを土居は「いけない」という言葉で表現した。それは自他未分化な恐怖感である。自分と対象もベタッと張り付いたままで、甘えと恨みの区別すらつかない。清と濁の区別もない。この時、「甘え」は「甘えと呼べないようなひどく傷ついた甘え」となる。自分には、「甘えなどない」という。恐怖感が異常に強く、恐怖は世界と自己の全てに普遍的に向けられる。この心的機制を土居は「甘えを恐れる」心理と表現した。ここに自我崩壊の恐れを伴う精神病的な恐怖感が生じる。「自分がない」という自我状態を体験する。そこに、未分化で精神病的な自己愛的自我が形成される。心の臨床で初心者が感ずる「おそれ」は、この感情に似ていて、根深いものである。

幼児期、つまり、大小便のしつけの時期になると、既に、「甘え」と「恨み」のアンビバレンツは一定程度、分化している。つまり、外部から見ても幼児が甘えているのか、すねているのか等が見分けられるようになる。そこに、フロイトが挙げた几帳面、しまりや、頑固という三つに加え、土居は潔癖、けちんぼ、依怙地などの性格形成を加える。これは、「すまない」という言葉で記述できる。排泄行為が完結しないときのスッキリしない感じの喩えである。もし、「甘え」の欲求が充たされないならば、隠れた攻撃衝動、「恨み」が内に蓄積する。予測される攻撃衝動の発現に対して、自我は防衛策をとる。つまり、「自ら与えるであろう害」を思い浮かべ、それを無かったことにする。未だ排出していないのに、大小便が「済んだ」かの如く振るまう。一見、気分はスッキリする。しかし、実際には心の中に攻撃性は蓄積されたままなので、「すまない」という残尿感に似た感覚を生み出す。

学齢期に達する頃になると、性がテーマとなる。フロイトのいうエディプス複合はこの時期に形成される。父を見習って「男らしさ」、女性では母を見習って「女らしさ」を取り入れる。この時期の罪悪感は恐怖感が少ない。土居はこの罪意識をも「いけない」という言葉で表した。「両親が子をさとす」ように何が正しいかを自我に言い聞かせるわけである。

それでは、矛盾に充ちた「甘え」の欲求は如何なる運命をたどるのであろうか。

自己と他者が結びつく力。一体化欲求、つまり、「甘え」の欲求は、人間に根源的なものである。それが、人を動かしている。しかし、自他の一体化そのものは、幻想的にしか充たされることはない。性、麻薬、宗教におけるエクスタシーによって一時的に充たされるのみである。それらを総称して、フロイトは大洋的感情と呼んだ。しかし、一体感は幻想であって、必ず、挫折する。こうして、人は基本的に傷付きやすい存在にとどまる。これを土居流に表現すると次のようになる。

「甘え」は挫折する運命にある。その喪失の無力感から抜け出すには、人は何らかの意味で「甘え」

を超える他にない。真の「信頼」は「甘え」を超越する。

「甘え」という、矛盾に充ちた内なる自然に支配される不完全なる人間。その前での人間の無力。その無力への洞察。そこに在る「ウブな祈り」。受動性と一体化という思想史的な遺産を、今、ここでは発掘・再調査しているのである。

既に、私たちは、心の奥底にある、人と人をつなぐ「何」かを見た。

土居と私との間には、明らかに二人をつなぐもの、同じ信仰も理論もなかった。それにもかかわらず、私は土居と話したとき、初めて、自分の言葉が通じる人にあったと知り驚いた。「信頼」とは何か。「信ずる」とは何か。土居と私は、この同じ問を共有していた。その問が二人をつないでいた。

私にとって、この体験は、臨床の出会いの原型となった。その未知の「何か」を、今、私は探求している。

3. 個別宗教の彼岸

さて、「天を願う」心とは何か。天に生まれ変わるのを願うことと、無心に「祈る」ことは異なる。

では、何処が異なるのか。

「宗教は人類の神経症だ」

余りにも有名なフロイトのキリスト教批判である。彼が宗教を厳しく批判したのも、又、救済のテーマにおいてであった。人間は自然の前で無力にとどまる存在だ。それにもかかわらず、人間の無力から人間を救済できると宗教が語るならば、それは欺瞞だ。しかし、もし、人が無力にとどまり、その無力に甘んじて生き、そのことを宗教的というならば、彼は、それを「受け入れる」といった。

土居は自らキリスト教信者でありながら、フロイトに共感した。その上で、神を否定するフロイト自身も、又、精神分析運動の創造主として「神の座」に座ったではないかと批判した。土居自身は自分の学派を形成し、その創始者になることは好まなかった。何故、彼がこのようなフロイト批判をできたのか。私はそのことを土居に聞いたことがある。答は意外なものだった。私的な会話であるが、ここに記録する。

「私がカソリックであり、日本人であるというのが、私がフロイトを信じなかった理由である」

人との出会いによって、人は心の深みを知る。その人が土居であれ、フロイトであれ、空海であれ、その人を一人の人と見るからこそ、その人と私は共感できる。彼らが私より如何に大きくても、彼らと同じ「人間」として私は出会う。個人を信仰対象とはしない。土居と私はそのような関係だった。人と人が「相互的」とは、そのような意味だった。そうでなければ目の前の患者と私も対等には出会えない。

ここで私の思考は行き詰まった。

当時、私は徹底した懐疑を土居に向けていた。それは意識的でもあった。懐疑こそが私の方法であった。土居の言葉を支えているのが彼の宗教的信仰、キリスト教信仰ならば、無宗教の私が、土居の言葉を理解することは初めから不可能だということになる。私はそのことを率直に、土居に確かめた。

土居の答は次のようであった。

「キリスト教があって、『甘え』を見たのではない。そこに私のオントロジーがあって、それがカソリックにも『甘え』にも共通なものだった。それを、十分、言葉にはできないが……」

土居の思考を基底で支えるもの。彼はそれを「私のオントロジー（存在論）」と表現した。それは気付かなくても、万人のなかに在る。信仰者と無宗教者に関係なく、心の奥に隠れて在る。その「何か」が、今、土居と私の会話を可能にしている。それ以上は土居自身も言葉にできなかった。しかし、それは、人の心の最深部にある最も強い願望。人間存在の受動性そのものである願望。つまり、自然信仰、アニミズムと関わるような、万人に共通な「ウブな祈り」のことだった。その言葉にならないもの。それは後進の者が彼の語りの行間から、その「響き」を聞き取り、それを開明し、自分で言葉にする他にない。

実は、土居自身も、ある患者に意外な指摘をされ驚かされた体験を持つ。

「先生は気付かないだろうが、私は先生に祈ることを教わった」

治療に宗教を持ち込まないことが、土居自身の方法だった。しかし、自分でも気付かないような深い処に、「隠れた祈り」があり、それが治療を動かしていた。患者の言葉で、そう彼は気付かされた。臨床は技法を超えるのである。

「隠れた祈り」。そこに土居の「オントロジー」がある。

長い年月をかけて、土居の、心の臨床を掘り下げて、私が行き着いたのは、この地であった。それは、意外な結末であった。土居の精神療法論は信仰とは別の処にある。そう、土居自身が信じていたからである。それに私が気付いた。

臨床と信仰は分けられないのか。このことを土居と話し合った。土居は次のように応えた。

「君は正しいとおもう。

精神療法とは、患者について『何のために生きているのか』を考え、自分についても考えることであろう。貴方は思想的な関心を持っている。それがなくても、何も知らなくても、精神療法がうまくいくということはある。だけど、なぜうまくいったかを考えるには、やはり、思想がなくては駄目だとおもう。

精神療法はセレモニーとして、『どうやって生きて行くか』がテーマになっている。そこで、『甘え』理論が胚胎するとき、そのテーマを理論化するために、私は『価値』の問題を扱った。そして、そのような実存的問題を『精神療法と精神分析』に書いた。その上で技術的なことは、『精神分析と精神病理』に書いた。

臨床と隠れた信仰が分離できないと君が最初に気付いた。その君が君の精神療法を作りなさい」

土居の一番深い処に、「隠れた祈り」があった。

私は、土居の「隠れた祈り」を、無宗教の私の言葉で理解しなくてはならなかった。私の中に見出さねばならなかった。語り尽くせない、多くの紆余曲折があった。私は遍路における「中空の祈り」をも体験した。何を祈るか、自分でも分からない。如何に祈るかも、分からない。しかし、人は懐疑の限界に至ったとき、今まで気付かなかった自己が既に内に在ったと発見する。何ものかを信じ、それと気づかずに祈っている自己を発見する。人は生きているという事実だけで、自分も気付かないままに、既に、何かを信じ祈ってしまっている。私の自己も、既に、そのように創られていた。それが「あるがまま」の私だった。同じく、「不可能な願望」に支えられて、患者も自ら歩き出す。

秘められた祈りのない懐疑は、思考の力を失った単なる不信であった。

このように書く今も、テレビではサッカーの国際試合が放送されている。サポーターが両手を合わせて天に祈っている。サッカーの神様に祈るのであろう。無宗教の者にこそ「隠れた祈り」がある。人は無自覚なときにこそ純粋に祈る。何ものかを強く願う時、人は天を見る。天に祈る。「中空の祈り」は現代の無宗教の人間にも、少しも変わらずに存在していた。本人すら気付かず、心の奥深くにある、深い「祈り」、強い願望、それに気付くのが心の臨床家の仕事だと知る。

フロイトは神話を好んだ。しかし、「祈り」の心理を十分に論じることはなかった。

彼は自ら「神」の座に座ることを、何故、あれほどに願ったのか。しかし、彼は心の、もっと、深いところで、本当は何を望み、如何に祈ったのか。それは彼の行間からは読み取れない。彼は、ただ、特定の目的に向かう心的エネルギーを「欲動」と呼んだ。つまり、不可能故に人は欲動する。もっとも不可能で、もっとも深く、もっとも深層にある欲動を、人は「祈り」と名付けた。フロイトにとって、「不可能な願望」とは、最後は、「死の欲動」であった。

JCOPY 88002-178

4. 不可能への願望

天を願う心も、又、矛盾に充ちた人間の心、そのものであった。如何にあがこうと、人間的矛盾から自由になれないのが人間の「あるがまま」の姿だった。空海の死後、平安時代後期には浄土思想が広がった。やはり、人は浄土や天国を求めることを避けられない存在だった。近代医療においてさえ、患者の願望は、畢竟するに、不老長寿に尽きる。それが不可能と知ったとき、人間が己の無力を知ったとき、人は何を願うのか。治療者としては、患者に、人間の願望は本来的に不可能だと言えば良いのだろうか。そのような、私の迷いを超えて、去り逝く者の言葉は、何故、あれ程にさわやかなのか。


表現こそは異なるが、臨床家は必ず来談者の願望を問う。

「貴方は何を望んで治療に来たのですか」

その時から、相手の心の奥にある強い願い、「隠れた祈り」を治療者は感じ始める。

それは無言の声であり、「響き」である。響きは何時か声になるかも知れない。むしろ、「声にならない声こそ治療者は聞かねばならない」。これも土居の言葉である。その声は治療者が最も恐れる「声」である。それは治療者の無力を暴く声だからである。しかし、その不可能の中にこそ、新しい何かが生まれてくる。奇跡が頻繁に起きるのである。一度、「声にならない声」を言葉にしてしまえば、それは単純なものである。「この私でも人間でありたい」、「生きたい」というように…。「隠れた祈り」。そこに、既に、未知なる「肯定」が秘められていた。この未知なる肯定の正体を追って、今、空海と共に旅の途中にいるのである。

土居は戦時中の徴兵検査において、「戦争は悪いことだと思います」と答える人間だった。多くの同級生は軍隊で戦死した。しかし、彼は戦争を生き延びた。

『信仰が救ったということになりますね』と私が聞くと、大きく首を傾けた。

今にしておもう。彼は生き残ってしまった自分を「神の殺害者」と責めていたのだろう。私が心の臨床という職種に絶望していたときに、その懐疑を貫けと励ましてくれたのは、彼であった。

「時代に迎合しないことは勇気がいることだ」

今、思えば、その言葉は彼が自分自身に語り掛けていた言葉だった。

ヤスパースについては石川清先生から、直接、私は教えていただいた。当時、その貴重さを、私は十分に理解していなかった。私のヤスパース理解が不十分だとすれば、それは、当時の私の甘さによる。改めて、ここに師に謝意を表したい。

ヤスパースはフロイトの精神分析理論を「ドグマ的な存在論」と呼んだ。そして、精神分析は「誤った信仰」ではないかと危惧した。それは土居が「フロイトを信じなかった」というのと同じだった。そのヤスパースはフッサールとの交流により精神現象学を忠実に実践し、一九一三年、「精神病理学総論」を書いた。しかし、気管支拡張症の中で医師への道を断念し、実存哲学へと進んだ。それでも、彼は「総論」を生涯、改訂しつづけた。ナチスの時代、ユダヤ人の妻と共に強制収容所送りの恐怖という「限界状況」を生きた。彼もまた、味方に殺されかけて、敵に救われた一人だった。

「ナチスとの関係がヤスパースとハイディッガーでは全く違う。それが二人の哲学の差異である」石川清先生の言葉である。その通りだとおもう。大戦という限界状況が、自己を超えて、全てを「包括するもの」について考える契機をヤスパースに与えた。カリスマとドグマ（独断）への警戒心が強いのは、独裁の恐怖を身をもって知っているからである。

「キリスト教信仰は一つの信仰であって、人類の信仰ではない」

ヤスパースの指摘である。

終戦直後、ヤスパースが京都、広隆寺を訪れた時の記録である。

「古代ギリシャの神々の彫像も見たし、ローマ時代に作られた多くのすぐれた彫像をも見たことがあります。然し乍らそれ等のどれにも、まだ完全に超克されきっていない地上的人間的なものの臭が残っていました。……（中略）……然るに、この広隆寺の弥勒像には、真に完成され切った人間実存の最高の理念が、あますところなく表理され尽しています」

多くの困難を超えて手に入れた願望を、ヤスパースは、弥勒像に見たのであろう。「寂滅」とでも表現したら良いのだろうか。その弥勒像にこそ、「とらわれ」のない「あるがまま」の人間像、人間の本来の姿、隠れた願望の対象をヤスパースは見た。人間を人間であらしめる「人間の条件」としての願望があるとしたら、その願望は心の最深部、最も、到達困難な処に在る。不可能であるが故に人が最も強く求めるもの、それ故に、嘗て、目にしたことのないもの。ヤスパースには、それが弥勒像だった。それは彼の心の最深部に「隠れた願望」としてあった。今、私たちは、先達の力を借りて、その地点に向かって探索している。

フロイトも、又、土居やヤスパースのような懐疑と別の処にいたわけではない。彼はユダヤ教からもキリスト教からも逸脱した処にいた。しかも、当時のヨーロッパ哲学が、心の臨床に応えられないことをも、早くから見抜いていた。それにもかかわらず、単に、ユダヤ人だという理由だけで、危機一髪でナチスの手から脱出せねばならなかった。

空海も、又、当時の唯一の大学から自ら飛び出して、四国放浪をつづける謎の野人となった。

個別を超えたところに、「欠如」があり、もっとも深い願望がある。

個別宗教は、その個別性を超えた処に存在意義を置く。

現世的な権威との距離感。空海、フロイト、ヤスパース、土居に共通した特性である。

空海、フロイト、ヤスパース、土居。彼らは、皆、時代精神に安住できなかった。既成のシステムへの懐疑。それ故に、社会的な混乱の中で、自分に固有な生きる目的、理念を必死に模索する他に生きる術はなかった。学問的成果は、その結果に過ぎなかった。こう書いて、今まで気付かなかったことを思い出す。私自身、大学に幻滅して飛び出した人間だった。そして、私も、又、自分の予測に反して、大学に戻ることになった。「著名な名」と自分を対等として考える私の思考に、読者は驚くかもしれない。しかし、そのようにしか、人は書に、他者に、接することはできない。

それでは、彼らは、そして、「私」は、結局、何処に居るのか。

"Wo Es war, soll Ich werden"

フロイトの有名な言葉である。「エスありし処に『吾』を成さしめよ」と訳すのだろう。これは何を意味するか。心の深層に踏み込むとき、前代未聞の大変革を蒙るのは、未知なるエスという第三項ではない。「私」、つまり、時代精神だということではないだろうか。時代の皆が確かに手に入れたと思っていた「知」こそが、既に、破綻している。彼らは皆、そのことを知っていた。個別的宗教、思想、学問の如何を問わず、「私」と「他者」と「天」の三者だけでは語れないものがある。フロイトもそのことを知っていた。そして、彼も、又、宗教論で語った。

「もう一つ何かが在る。宗教と同じサイズの何かが」

彼らの隠れた「オントロジー」。時代が置き忘れてきたもの。「秘密」。空海は私たちを、そのような心の深層へ、「神の名を語らない」純粋な祈り、つまり、究極的な願望の世界へといざなう。


ここで心の臨床の視点から、以上を要約しておく。

適切な精神療法とは適切な臨床的対話のことである。それは共感のある信頼関係を形成するための対話である。臨床家が「分からない」、「困った」、「何だろう」、「怖い」と生理的に感じ、不安になり、戸惑う。その「おそれ」こそが、その人から受け取った「響き」、「声なき声」なのだ。それが「意外性」の体験なのだ。

解釈の妥当性を決定するのは、第一に、この体験の有無である。

それ故に、私は後輩にいう。人と会った「おそれ」から目を逸らさない。定式化した解釈で説明し、「分かったつもり」にならない。「おそれ」にとどまる。それを所見として、丁寧に日常語で記述する。初心者の「おそれ」を大切に持ち続ける。そうすれば、もっとも、ウブな感性を持った臨床家でいられる。そのような心の臨床家に出会えたことに、人は驚き、「おそれ」、安堵し、自己を開く。そこに共感が生じる。

私の前に、そのようにして土居は現れた。彼は対等な他者として、すぐれた道案内でいてくれた。

第二に、臨床家に必要な技法は、その「おそれ」に適切な日常語を与えることである。その日常語こそが、おのずと、患者が驚きを持って受け入れる言葉となる。その日常語選択を背後から支えているのが、精神療法理論であり、日常語ツールである。つまり、臨床家は日常語で会話し、専門語で思考するのである。この時、その日常語に「深み」を与えるのは語り手に固有な「オントロジー」である。何も、借り物の理論で「分かった」振りをする必要はないのだ。それでは、患者と共に、苦しめないではないか。深い共感は成り立たないではないか。

自分は何もできないのに、きちんと面接に来てくれている。そのことで、来談者に「すまない」と思う若い臨床家は多い。「すまない」という罪悪感は、自己の無力感への防衛に過ぎない。その人たちは、あなたとならば言葉が通じることに、驚いているのである。言葉が通じる人がいる。それが、如何に、得がたい遭遇であるか。私と土居の関係は、そのようであった。

5．祈る人・土居

私は、ここで、「祈る人」について報告する。それは、土居のことである。

先生が外で倒れられて、外出できなくなってから、私は訪問することを控えていた。ご家族も大変だろうし、余計な負担を掛けたくはない。しかし、幾人かの人に、「あなたが訪問しないで誰が行く」と言われた。そんな気遣いが愚かなことに思えてきた。

電話予約をして土居宅を訪ねた。

娘さんが出迎えた。入り口で手を洗う。先生は書斎に一人座っている。木曜会に何度も通った部屋である。今は、暗く静かである。時の流れを改めて感じる。感無量である。部屋は拡張工事をして広くなったが地震対策の指導で室内に鎹《かすがい》を作ったためか狭く感じる。雨がちで春寒の空のためかも知れない。

先生は一回り小さくなられた。体の動きが如何にも遅い。動くのが難儀なようである。一寸、記憶違いがあるが、頭脳はクリアである。声は思ったより出るので会話はできる。

「森田明君（法律家　土居が代父である）と一緒の時に転んで、転ぶと内臓までやられちゃうのだね。弱っているから……」

椅子を立ち、杖をついて、本棚のところに座り、本を十冊近く選んで下さる。

「僕が死んだとき、少しは精神医学のも棚に残しておかないと変だからね」

今日も、冗談めいたことを真顔で言う。倒れる前の父と居るような感覚におそわれる。

土居研究の別冊と、先生の著作「精神医学の方法」の書評を渡す。じっと、読み切っている。そして、「ありがとう」と一言。

「ホイベルス神父に救われた。森田君もそうだった。だから、二人で神父の言葉をまとめている。森田君の父を知っていて、それで今は森田君と親しくしている。神父のことを知っていて、そのことを話せるのは彼だけだからね」

先生は、又、神父にお会いできることを祈っているのだろうか。先日、先生の弟が先に父の処に逝って先生だけ取り残され、自分がウツ状態だったと言われた。その時よりもさらに弱々しい。会うことで負担を掛けることを恐れ、訪問すら控えたのは間違いとはいえなかった。でも、会えて良かった。来て良かった。

「僕はね、医学部四年のとき九月に繰り上げ卒業で徴兵されるはずだった。軍医の面接の時に宗教欄にキリスト教と書いた。『戦争をどうおもう』と聴かれて反対とはいえないから、『悪いことだとおもう』と答えた。一時間も怒られた。それで二等兵で徴兵となった。それではひどいので、軍医の予備としてのコースにまわることにした。二等兵から一つ一つ上がっていく。大変だったよ。

あのころは苦しかった。予備役の軍医だから。

ホイベルス神父にあって救われたね。僕は当時、プロテスタントだったけど、これは違うのではないかと思った。そして神父の知り合いがいなかったので、ある神父に会ってみた。ところが全く言葉が通じないのだね。日本人の神父だった。丁度、その頃、東大にホイベルス神父が話しに来ていて、それで神父を訪問した。この人ならば、と思った。何度も話をした」

土居の経歴について、僕の些細な記憶違いを訂正してくれるような話である。多分、そのような意図が先生にはあったとおもう。要するに、この瞬間も、又、先生は私にとって「先生」でいてくれるのだ。

土居がホイベルス神父と会って救われたと感じたように、私は土居と会って救われたと感じている。言葉が通じることの喜びを、私は土居によって知らされた。その体験は私の臨床の基礎となった。それ故に、私にできることは土居の言葉を語り継ぐことであった。先生のためにも、御家族のためにも、後輩たちのためにも、私自身のためにも……。

そこに、奥さんが帰ってくる。

私は四十分で退出した。先生は、何時も、客の前では崩れない。その分だけ客が帰った後で、疲れがドッと出ることを私は知っている。

いつもは、先生は玄関まで笑顔で送ってくれる。その日にかぎって、先生は椅子に座ったまま本棚の方を向いて、こちらを見ようとはしない。「このままで失礼」と一言。その姿に、私は「祈り」を見た。祈るように別れていることを知った。このように来訪した一人一人に……。丁寧に。

「きっと主人も喜んでいると思います」と奥さんはいって下さった。

部屋一杯、「祈り」で満たされていた。人は祈るのだ。何時の日か、私もこのような時を持てるのだろうか。私はこれが、お会いする最後の機会になると分かっていた。そして、土居と私の関係を指して、知人が言った言葉、「一生の師を持てること以上に幸せなことはない」を思い出していた。

以上で、臨床家と患者の二人の冒険旅行に必要な論理的な準備はできた。

ここからは、私は読者と連れ立って、「隠れた祈り」とオントロジーの世界へ、グランブルーの「深み」へ、「人は何故、生きるか」という「人間の問」、「欠如」の世界へ、神秘の開明へと向かう。生きた現実の中で、「人」とは、「心」とは、と正面から問うた先達のガイドによって、私たちも、又、未知の領域、神秘へと探索にでる。

第三部　心のメタ論理

ある時、聡明であるが故に臨床に悩む若い人と、私は話し合った。患者の前でどのように話してよいか分からないと悩むのである。

彼はいう。

「何を学んでも、絶対に確かなものはなかった。心の臨床なんて誤魔化しだと思います」

『では、絶対という言葉は貴方には意味がないことなのですか』

「今まで、学んできた中にはなかったです。これからも、絶対にないと失望しています。だから、臨床を止めようかとおもうのです」

『今、貴方は、絶対という言葉を正しく理解して、使っているでしょう。貴方が確かなものを求めていたというのは、確かではありませんか。これからも、その姿勢を変えることなく、そのままで、臨床に居つづけることができますか』

人の「知」は不完全であるが故に、「欠如」感覚に行き着く。そこで、惑う。そこで、規格化された「知」を、「ハウツウ」を期待する。そのような迷いを、自ら「否定」することによって、人は、確かなものの在り処を察知する。自分の「心」にこそ、「不可能な願望」が、既に、生き生きと在ることを知る。それが、人をも生かすことを知る。臨床の中核に、手付かずの未開の地が見えてくる。臨床家はそこを避けて通ることはできない。ここから、考察は、メタ論理の世界に踏み込む。

第一章　無我

ここでは、「心」とは、「無我」のことである。

1．無我なる心

空海が本格的に考察を始めるのは此処からである。この部分から、次第に、私が馴染んできた西洋哲学的な思考では追えない論理が展開されるようになる。しかし、実は、その神秘的な論理の彼方にこそ、私は真に人間的なもの、グローバルなものを見出す。

人は苦しみから逃れるために「天」を求める。しかし、「天」は絶対的な禁止の中にある。そこで、人は「私」という原点に回帰する。苦しみの原因である自己を滅しようとする。ここで取り上げる「心」とは無我である。無我とは独我的な自己の消滅である。空海は問う。自己を滅するのは良いが、他者はどうなるか。実に、厳しい批判である。読者も、その論旨に共感するだろうか。

なお、ここでも、ヤスパースの精神現象学を参考にして論をすすめる。彼は「心」を内から観察し、先ずは、自我意識と対象意識に分けた。前者は、土居がいう「自分」の意識のことである。これを手掛かりとして、空海の世界に踏み込むことにする。

これ以降、いくつもの仏教用語が出てくる。私は、それらも、重要な「秘密」に至る一種のメタ言語、或いは、シンボルと捉える。フロイトの象徴解釈と同じ手法である。さらに、「秘密」という言葉は、実は、空海と土居に共通なキーワードでもある。他にも、多くの言葉が般若心経に出てくる。その意味では親しみの持てるものが多く、覚えておくだけで心が豊かになった気がする。それだけではない。実は、臨床に行き詰まったとき、新しい思考へと飛躍する助けとなる。

先ずは、この章では小乗仏教がテーマとなる。

仏教において、小乗と大乗の区別とは何か。一応、便宜上、表面的な私の理解を紹介する。小乗とは修行者しか乗れない小さな車のことである。大乗とは誰でも乗せられる大きな車のことである。空海が第四、第五往心で取り上げるのは小乗仏教である。その特徴は「人空法有」といわれる。

キーワードは「無」である。つまり、彼らは無我を目指すが（人空）、知覚の法則はある（法有）、と考える。これをヤスパースの言葉でいえば、自我意識を滅する術を身につけたが、対象意識を滅することには不十分だということになる。

先ずは、第四往心、「唯蘊無我心《ゆいうんむがしん》」。これは声聞乗である。釈迦の生涯は紀元前四六三年から紀元前三八三年頃だというが定かではない。なお、これで空海は老子、孔子、釈迦という三大思想家を網羅したことになる。改めて、私たちの思索がアジア大陸と一体となって展開したことを痛感させられる。まさに、アジアは私の隣国でありルーツである。

釈迦はこの声聞から第十往心までを、人の心が成長するに応じて段階的に説いたという。つまり、一見、異なって見えても、どの往心も、元はといえば、釈迦の言葉である。つまり、各往心に上下はなく、本体は一つである。空海は自身が自ら学んで成長した過程を振りかえりながら語る。そして、後進の者が成長するに応じて、「此処にとどまってはならない」と叱咤激励する。「やさしさ」と「厳しさ」。菩薩と明王。空海は良き教師であり、学びの先達である。

前章の第三往心までは、我、つまり、内我（霊魂）、及び、外我（神話の神）を論じた。そこで、釈迦は先ずは声聞乗を提示した。声聞とは「仏の声を聞く者」という意味である。悟りを開いた釈迦が初めに説いた言葉が声聞であって、般若心経にもある「苦集滅道（四諦）」がそれである。人間である苦しみを滅するための行のことである。本書のテーマ、人間による「人間についての問」、そのものを、根っこから滅し尽くそうとする。

心の中に霊魂や神我があるという幻想を、四諦の行によって捨て、我執を断ち切る。「我」の否定があるから「無我」である。身心は五蘊（色受想行識）の仮に集まったもので、泡や朝露のようにはかない。そして、そのような存在と知り厭う。身体が灰となり心智が滅してしまうことに、人生最高の価値を認める。世俗の生活を嫌って離れる。そのために行を行う。

しかし、「私」自身を構成する素材である五蘊だけは存在すると考える（唯蘊）。五蘊とはヤスパース流にいえば、対象意識に属する。つまり、第四往心の人たちは、無我であるが、知覚の法則はあると考えるので、「人空法有」の立場といわれる。つまり、真に無我であるには、知覚を浄化するセレモニーが必要となる。興味深い行がある。言葉とイメージによって、知覚を支配するのである。

もしも、麗人に会うと、その屍を観想し内なる妄想を浄化する。草を刈るとか、財宝を受けるという世俗的行為を行うときには、それを忌み嫌って、「これを知れ」、「これを見よ」という浄語を使用する。それは、対象への執着を断つための儀式である。このように、声聞は四諦（苦集滅道）に執着している、と空海は批判する。不潔恐怖を病む神経症の儀式を連想させる。このような儀式は俗人では、対象への執着、そして、実は、自己への執着をも強化する。私たち俗人には、私的な浄化の儀式は極めて危うい。汚れがなければ人ではないということだろう。

2. 孤高なる心

第五往心は「抜業因種心《ばつごういんしゅしん》」である。これも小乗仏教であり、縁覺の境地を指す。師を持たず山林に修行し、何かの縁で仏教の教えを悟り、阿羅漢になることを目指す。縁覺は十二因縁に執着している、と空海は批判する。「生」は地水火風の四大、つまり、「大自然」によって変化するもの、十二因縁によって生ずる五蘊の仮和合（縁あって仮に集まったもの）、と彼らは考えて、そのはかない存在を厭い離れる。師につかず、言葉・書籍に頼ることもない。自然の中で世の無常を覚るが故に独覚という。説法もしない無言の聖者である。こうして、煩悩の源の無明の種子まで断ちきってしまう。この行を行った者は気高く孤高な雰囲気を身につける。俗人がみたら、自ずと、手を合わせる気高い姿である。

それは素晴らしいと私はおもうが、空海の批判は厳しい。

彼らはただ自分の苦悩を断じ尽くして、寂滅の心境を手に入れるだけである。意識を清めることだけ知っていて、自分だけはこの世を超越したと思い込んでいる。世のため人のための手段が備わっていない。一切衆生のために尽くそうという「大慈悲」の心が欠けている。要するに、無我は利己主義、或いは、ニヒリズムを超えられない。

空海の指摘は余りに厳しいので驚かされる。

「これを菩薩の死と名づけます。二乗地（小乗仏教）に堕ちてしまったら最後、仏となる道は一切遮断される」

要するに、一人だけ覚ってどうするか。そう空海は一喝する。

患者の多くは、必死に自分の苦悩を滅しようと努力する。自分こそが救われたいとおもう。一途な修行者ならいざ知らず、私たち日常性を生きる者にとって、無我から考えても心の臨床は行き詰まるだけである。この世界を厭い「私」一人が浄化される。そこにこそ、無理がある。「私」は、この大自然の一部だからだ。

こうして、無我の試みは、無我にはなれない自己を露呈するだけである。臨床家の責務は無我からは説明できない。私たち俗人が自我を滅しようと試みれば、大抵、人間固有の心の罠にハマってしまう。「このような苦痛に負ける自分ではない」、「こんなことを気にする私ではなかった」、「こんな悪いことを考えてはいけない」。そのような自己否定の心理が「とらわれ」を生み、更に新しい執着を生む。症状を形成する。結果として、無我の努力が挫折し、自信をなくして、自責しながら心の臨床を訪れる。

強迫神経症で、そのように悩む人との会話である。

『自分の悩みを消したい。自分の心が自分の思い通りにならないはずはない。自分はこんなに弱くない。そう思っているのですか』

「はい」

『そう思って自分と戦っているのですか。今も、今までも……』

「はい」

『それでは、貴方の「心」が疲れてしまうのではないですか』

「はい、それで疲れて、ここに来ました」

『貴方の頭がそれを否定しようと、心は自由に何かを浮かべては流れていくものではないですか。川の流れのように……』

「そうでした。でも、嫌な考えを消したいとおもって来たのです」

『心が自由にならない。でも、心は貴方の意志から自由に動く。貴方は、それを許せないのですか』

「許せなかったです」

『心の動きに逆らって、それと戦うから、嫌な考えに「とらわれる」のではないですか。心と戦わないで、心の動くままに、心の「あるがまま」にしてみるとどうなりますか。嫌な考えは流れて消えていくのではないですか』

「そう考えたことはなかったです。そのようにしてみます」

「あるがまま」という言葉だけで問題が解決するほどに単純ではない。しかし、これは私なりに、「とらわれ」と「あるがまま」について、患者と話し合っているのである。森田正馬が指摘した神経症者の心理である。つまり、「私」が「心」を支配できると思ったとき、既に、「私」は独我的な自己の病理に陥っている。そこに、思い込み、つまり、「とらわれ」がある。実際には、「私」は「心」に包括されるものである。つまり、「私」が心を支配するのではなくて、「心」が「私」を生かしているにすぎない。そう思ったときに、人は「とらわれ」に気付き思考は自由を回復する。土居は、これを、「甘えたくとも甘えられない」心理に気付くことと表現する。

「あるがまま」の心理とは、「不可能への願望」が己の内にある、と自覚することである。直接、患者に「あるがまま」になれ、と求めるならば、「覚《さと》れ」というに等しい。そこに至る技法を示したのが森田であった。

さて、ここで「あるがまま」の心に触れた。この言葉が意味を持つとしたら、人の「思考」と「心」が別物であると人は、既に、知っているのである。しかも、人間の思考では自由にできない「心」という存在を想定しているのである。このことを臨床で話し合うには、フロイトの無意識という言葉は、むしろ、混乱を与えるだけである。あなたの「考えと心」、或いは、「頭と心」として、その食い違いについて話し合う。そこに、独我的な自己の思考、病的な罪悪感が明らかになる。それでは、ここで出現した「あるがまま」の心とは何か。それには、すでに存在するもの、つまり、「自然」についての考察が必要になる。

3．私心なき知覚

人が惑うのは自分の心であるとして、「とらわれ」から逃れ、無我の境地をめざす。それが、如何に鮮烈な行を要求するかは容易に想像できる。そして、当面、我を捨てれば存在するものは知覚されるものだけである。読者は意外におもうであろうが、無我と知覚への信頼という点では、唯蘊無我の境地と客観科学とは同型である。

現代科学は我を捨てることによって、知覚の因果律へと回帰できると考えた。私心なき知覚。現代科学は知覚にこそ、人知を超えた絶対的な存在の声があると信じた。しかし、ある時、人は自分の強い想いこそが知覚を歪め真実を歪めると気付いた。観察データは客観的どころか、観察者の観察方法、主観によって、限りなく浸されている。N・R・ハンソンはこれを観察データの「理論負荷性」と呼んだ。人は己の「概念枠」でしかモノを知覚することはできない。知覚においてさえ思考する主体は排除できない。

それでも客観科学は、観察者の主観を排除する観察技法を開発した。人間の主観を完全に排除する科学的方法がある。臨床医学を学んだ者ならば誰でも知っている方法である。無作為化比較臨床試験（randamized controlled clinical trial）。部外者のために念のために説明する。ある新薬が基準薬に比べて有効であるか否かを客観的に検査する方法である。試験に参加した医師、患者、計画管理者は、その調査参加だけを知らされる。誰も、どの薬が新薬か、対照薬かを知らない。新薬の有効性を証明したいという開発者の願望は、この操作で厳密に排除される。主観の排除。この操作をすれば、今の研究室データのほとんどが無効になるとすらいわれる。それほどの説得力を持つ。そして、同時に、この方法で得られた所見は、効力の差異が数パーセントという、実践では評価困難なほど微妙な検出力をもつ。実は、それは不思議ではない。もともと、自明な差異がないから人は統計的検定に頼るのである。抗生物質のように、実験室で生物学的に有効・無効が明確に証明できれば、この試験は初めから不要だったのである。

この手法によって得られた微妙な所見を臨床の生きた人間に如何に還元するか。

このようにして得られた「客観」の視点は、もはや、人間の視点ではない。それは遥か遠方の、たとえば天上の視座だとされる。しかし、人は天上には居ない。客観的視座。皮肉にも、客観科学が発展するほど、客観に頼るほど、実は、責任をもてないほどの負荷を臨床家の判断に課することになる。

それでは無我は無意味だろうか。人の知恵は、一度は、私心なき知覚に戻らねばならない。それが無我である。現代の専門性は、このように数的構造と共にある。臨床家に求められる価値中立性。それは、これを含んで、これを超えた水準のものであろう。無我、それ自体は答ではない。無我によって得られた知恵は再び「生」に還元されねばならない。それがなければ、無我は単なるニヒリズムである。価値中立を主張する客観科学それ自体も、又、再び人間の現実の中で試されなくてはならない。それこそが自然科学者の社会責任の由来である。正に、現代的なテーマである。

誰のための学問か。こうして利己に対する利他という新たなテーマが、次章で提示される。

利己と利他。その二項対立を空海は如何に乗り超えるか。こうして、空海は小乗から大乗仏教の思考へと、私達をいざなう。

第二章　匿名的自己

ここでは、「心」とは「意識」のことである。

1.「人間」とは誰か

これまで、「人間についての問」を考えてきた。

それでは、一体、「人間とは誰なのか」。

空海の大乗仏教は、まず、この問から始まる。空海は、これ以降、「とらわれ」から自由になった人間像を描いていく。往心を一つ登るにつれて段階的に人間像が純化されていく。その都度、その純化の技法が具体的に示される。その技法は心の臨床の技法ともいえる。その積りで読まれるとよい。

これ以降、空海は当時の南都六宗を中心に考察を進める。当時、六宗は独立した仏教宗派というよりも、まだ、学派に近かった。従って、当時の東大寺のように「六宗兼学の寺」を掲げた寺もある。

第六往心は「他縁大乗心《たえんだいじょうしん》」である。大乗仏教のうち南都六宗の一つ、法相宗がそれである。これと第七往心を含めて、密教以前の大乗仏教とされる。法相宗は、六三八年、玄奘三蔵がインドから唐に持ち帰った。孫悟空の「西遊記」で馴染みの主人公である。六五三年、道昭が入唐し玄奘に師事し、帰国後、法興寺でこれを広めた。飛鳥寺として親しまれ、日本最古の寺院であり、奈良県の明日香村に今もある。蘇我氏の氏寺であった。一方、法興寺は平城京遷都によって新都へ移転し、元興寺極楽坊などになった。藤原氏の氏寺である興福寺も又、法相宗である。

なお、大乗仏教には名刹が多々ある。これを契機に改めて、それらを訪ねるという楽しみも学びのご褒美だ。ネットで調べると、即座に、私が、ここで紹介した程度の情報は得られる。付け焼き刃の私の知識で恐縮である。何処まで正しいかは、読者各人が旅すると良い。

無縁に悲を起こして、大悲始めて発《おこ》る。

ここで空海は、自己と他者、利己と利他という二項対立を一気に乗り超える。

利他とは、名も知らない全くの「無縁」の他者への共感である。

それは全くの「他人」であり、自分の利害とは関係ない人間である。肉親に対してではなくて無縁の他者への共感、「悲」。それが人の心の中におのずと在るという。第二往心においては、家族愛への批判が予告的に語られた。それが、此処で、初めて、具体的に語られる。今まで、ふとした「やさしさ」であったもの（持斎心）が種子となって、それを無縁の者に対して感じたとき、自分の中に「大悲」という大きな心が育ってくる。それが仏心であろう。人の心は、おのずと、そのようにできている、と空海はいう。空海が家族愛を指して、「愛の愛たるを知らず」と批判したのは、この視点からだった。持斎心という種子から大悲に至る。そのような文脈が空海にはある。

無縁の他者への愛が見えなければ、肉親への愛の真の姿は見えない。心の臨床家は「人間」としての患者が見えない。肉親の愛が如何に肉親を傷つけるかも理解できない。

自分の中の「甘え」が我が子を傷つけていた。そう土居は気付いた。「無縁」の他者への「やさしさ」を持って、肉親にも、自分にも接する。その時、人は己れの心を知る。このように理解すると、「無縁」の他者のテーマは、俄然、臨床的となる。

2. 匿名的他者

「他者」という本についての土居の書評がある。

その本は、或る男が分かれた恋人に再会し、その女性に「他者」を見た話を書いている。土居は他者への憐れみが信頼へと飛躍する瞬間を精密画のように描く。

彼は先ずイエズスの言葉をあげる。

「私の兄弟たちの中の一番小さい者の一人にしたのは私にしたのである」

そして、土居はつづける。

「キリスト教の意味するところは畢竟するに、神が人となって、人間の運命を担ったということに尽きる。それ故に神はひとりひとりの中にいまひとりの他者として存在する……人間的愛をエゴイズムから救うものは、このような見えざる他者の存在である……」

絶えることのない殺戮と大災害。その時、人は、初めて、「他者とは誰か」を知る。聖書には「善きサマリア人」の話がある。それも、又、無縁の他者についてであった。多くのジェノサイドによって、人間は内なる自然の恐ろしさを知る。大災害によって外なる自然の猛威を知る。そして、「私」も、又、自然の一部であったことを思い出す。その時、初めて、「他者とは私であった」と知る。敵か隣人かを問わず、人間全ての中に、その人を超えた「見えざる他者」を見る。その声を聞く。

「無縁」の他者によって、ようやく、「人間」という言葉が人間全てを包含したものとなる。土居の用いる「他人」という言葉には、このような隠された考察があった。

本書で、今まで、他者という言葉を用いたときに、この意味では「人間」一般を視野に入れてはいなかった。既に、誰かを除外していた。今まで、そのことに読者は気付いていただろうか。

土居が、彼のキリスト教信仰と「甘え」理論の共通の基盤として、「私のオントロジー」があるといったのは、この水準においてであった。人と人を結びつける無意識の力。「甘え」。土居が「他人」の中にも「他者」を見た如く、家族の中にも、「自分」の中にも「他者」を見出す。人の中に普遍的に浮かび上がる真の第三項。固有名詞を持たない「他者」が、人と人を結びつけている。ヤスパースが弥勒像にみた「人間実存の理念」。限界状況において見えてくる「人間」の、もう一つの姿。多くの人間の絶望を目の当たりにしてきた臨床家は、ここまでは共に歩まれたであろう。私は、それを現代風に「匿名的他者」と呼ぶことにした。

空海の「無縁」の他者。患者と出会ったときですら、臨床家の中に一種の「なつかしさ」に似た感情が引き起こされる。出会いの「おそれ」の中に親しみが喚起される。砂漠の民が流浪の者を心から「もてなす」のと同じである。あたかも、旧知の知己に出会ったように感じるようになる。人は、そのような何かを他者によって喚起される。それ故に、臨床家は臨床の場から逃げることができなくなる。それが怖い。要するに、臨床家は初めて会う患者の苦痛すら、自己の痛みと感じることを避けられない。それが人間なのだ、と先達はいう。しかも、専門家は、そこから逃げられない。「人間」はヤスパースのいう弥勒菩薩の姿を内に持つ。しかも、人は既にして「仏」だと、空海はいう。そのような何かが、実は、私たち治療者の中に、既に、作動してしまったとすれば……。

凡人である治療者の私が、それを分不相応な過剰な重荷と感じるのは当然だった。それを脱ぎ捨てたいと足掻くはずである。自己の中に無意識的に作動する「無縁」の他者への共感。治療者が臨床で感じる「おそれ」の正体は、それであった。それ故に、心の臨床家は己の無力を怖れ、藁をも掴もうとする。ハウツウに逃げようとする。当面、私が考えられるのは、ここまでである。

全ての人の中に、人に知られず存在する共通項、つまり、第三項。匿名的他者。人の中に、そして自分の中に他者がいる。「私」の中に悪人と善人がいる。人がそのように他者を知覚するのならば、人の心にいる他者を想定して、患者と話し合える。心の中で、人は誰にでもなれる。それは普通に治療で用いている技法でもある。

「自分は生きる価値がないのです。何もできないでダメな人間です」

『何故、そうおもうのですか』

「それが、事実なのですから仕方ありません」

『そうですか……。それでは伺います。貴方には仲の良い弟さんがいますね。彼が今の貴方のように休職中であるとして、貴方は彼に何といいますか』

「そんなに無理するな。休みなさいと言います」

『では、貴方は貴方自身に、なぜ、同じことをいえないのですか』

「何故でしょうね」

『今、貴方が何もできないと感じているのは分かりました。でも、何もできない貴方を、更に、ダメだと決めつけている、もう一人の貴方が、貴方の中に居ますよね。それは何者ですか』

そのように問うと大抵はハッとして、ジッと考え込む。

「そのように考えたことはないです」

『その貴方は、他の人と自分は違うと思っているのではないですか』

「……」

『自分は特別な人間だとおもうのですか』

「そんなことはありません……」

『それでは貴方が弟さんにやさしいように、何故、同じように自分に休めといえないのですか』

「そんな風に考えたことはなかったです」

『貴方がダメなのではなくて、貴方をダメだと責めている貴方が問題なのではないですか。随分、傲慢な自分がいると思いませんか』

「……」

「病的自責」つまり、「病的な罪悪感」はトリッキィで危険な自己操作である。うつ病患者の熾烈な自責にこそ独我的自我の「おごり」が潜んでいる。そこにこそ独我的自我の病理がある。このように、匿名的な自己は独我的な自我の病理をも癒す力をも備えている。その由来を、今、空海と共に探索しているのである。

3. 唯識論

利己と利他の考察のアポリアを、空海はどのように打開するのか。それには、先ず、彼のいう唯識論をたどらねばならない。ここで、又、私はヤスパースの精神現象学を参照する。人間の「心」から、もし、自我意識と対象意識を滅したとすれば、そこには自他の区別すらない「意識」活動のみが残される。それを空海は「識」という。

「識」から発想するとは如何なる意味か。「識」とは、西洋哲学が語るような意識であるとすれば、モノ、世界、天、他者とは、有るのか、無いのか。ここに至って、私たちの思考は常に行き詰まる。この知的なアポリアを、空海が、どのように突破したか。ここでは、それを詳しく追う。あらかじめ、私の理解を要約しておく。空海は、それは分からないという。むしろ、有でもあり、無でもあり、そのようにしか思考できないものについて、そのように、「あるがまま」に、彼は思索する。そこに、彼の「空」と「中道」の理論がある。以下に、それを追う。

幻影に心を観じて、唯識に境を遮す。

唯識論が語られるのは、「三性」と「二空」としてである。

「三性」。これを説明するには「蛇・縄・麻」の喩えがある。道に蛇がいると思い、あわてる。よくみれば縄である。さらに、よく見ればそれは麻でできていた。今、私が見ているものの本性は何かと問うこと。そこに在るのは仮の答えだけであって、確かに在るのは、それを映し出す自分の心のみである。それが唯識である。

「二空」とは「人空・法空」のことである。小乗仏教において、既に、人は断見や常見という先入見、つまり、心への執着（人執）から自由になった。次には、知覚への「とらわれ」（法執）からも自由にならねばならなかった。それが二空である。唯識に至って、人は我を捨て、無我をも捨て、更には、知覚をも捨てた。今や、唯、全てを映す鏡のような心、認識する意識だけが残された。

もはや、自己と他者の区別すらない。そこに、自我にも知覚にも「とらわれ」ない意識そのものが見えてくる。ここで、初めて、無縁の他者が視界に入る。この水準で、初めて、人と人のウブな共感が語られる。土居は自他未分化の「やさしさ」を、「ウブな甘え」と表現した。共感という言葉はこの水準において語りうる。共感は不可能と共にある。

自他未分化な水準で考えれば、他者への「やさしさ」は自分への「やさしさ」でもある。それは、人間の、「命」、「自然」に由来する「やさしさ」でもある。そこに自ずと真の自己肯定が生じている。何と心理学的な視点であろうか。そこでは、病的罪悪感は、既に、自ずと、氷解している。只、その論法には、驚くのみである。

4. 価値中立性

ここでは、「心」とは、「価値中立性」のことである。

ヒカリという、哲学専攻の若い女性がいた。

多くの我、多くの価値、多くの人、その中で、彼女自身の居場所を求めて疲れ果てて、強い自殺衝動の中で彼女はいった。

「空が見えれば私は生きられる」

その彼女が治療の終わりに、何時になく馴れ馴れしいタメグチでいった。

「先生、よく今まで生きてられたね。先生が生きられるならば私だって生きられる」

その彼女は生き残った。

その「空」が、ここでの課題である。

認識する心。「識」から思考すること。そこから、人間肯定の世界が開かれる。新しい思考へと踏み込む。その入口には徹底した否定がある。それが第七往心である。

第七往心は「覚心不生心《かくしんふしょうしん》」という。南都六宗の一つ、三論宗であり、「空宗」として親しまれている。蘇我氏の氏寺である元興寺や大安寺がある。

さて、ここでは、臨床家の依拠する価値中立性の根拠が論じられる。

これまで、幾つもの二項対立（A or B）がテーマになった。善と悪、自と他、生と死、甘えと恨み等々。そして、そこで人の思考は停止した。二項対立と二者択一（A or non-A）の区別をしないからだ。そして先に進むことができなくなる。我執と法執に留まるのは、今も昔も、同じである。

アポリアの存在に気づき、先入見を断つには、新しい解決法が必要となる。「どちらが優れているか」ではなくて、両極端の思考（辺見）を捨てよ、と空海はいう。実は、答のでない地点が見つかれば、そこにこそ最も重要な「秘密」がある。そこに「中道」がある。「分からないところが大事である」とは、土居の言葉である。空海の新しい語り口、及び、行為形成論。これまで人の頭脳を捉え、自由を奪ってきた多くのパラドックス。人がそれを超えて思考する方法とは、先ずは、徹底した否定、「不」の語用法である。

八不に戯を断ち、一念に空を観ずれば
心原空寂にして、無相・安楽なり

まず、彼が取り上げるのは、「八不」である。ここで八不とは、竜樹の「中論」にある、不生、不滅、不常、不断、不一、不異、不来、不出という八つの否定のことである。この八つの否定は「生と滅」、「常と断」、「一と異」、「来と出」という四つの二項対立からなっている。さらに、般若心経には、不垢、不浄、不増、不減がある。

そこで、八不が二項対立への論理学的な答を与える様を、私なりに描いてみよう。

先ずは、二項対立の「テーゼA」と「テーゼB」は、実は、二者択一的な答を求めてはない。「A or B」は「A or non-A」ではない。AとBの二項対立は思考の墓場ではない。唯識まで歩んできた私たちの前には、今、頭脳では超えがたい大きな壁がある。しかし、その壁の彼方には、未知の膨大な「秘密」、「何か」がある。それこそが「心の深層」である。心の臨床家はその壁に踏み入らねばならない。しかし、恐れることはない。幸せなことに、その壁には幾つもの門、つまり、二項対立がある。門には開き戸がある。左の開き扉には「A」と書いてあり、右には「B」と書いてある。「A or B」の文字は、未知な「何か」への入り口を示すにすぎない。今までの思考方法に執着する限りでは、その門は通れない。「A」と「B」の両方を持ち、その両方を捨てる。真実はその彼方、メタ論理の世界にある。研究室的な思考を脱し、新しい思考方法に脱皮する決意をすれば、既に、扉は開かれている。

ここから先は、頭ではなくて脚で歩むのである。

理性こそが変容を被るのである。

その後は、扉の真ん中を、「中道」を堂々と進めば良い。先には、「無」でも「有」でもない世界。膨大な「空」の世界が開けている。メタ論理の世界。その時、人は「大きな自然」に、全的肯定の世界に放たれる。

では、中道とは何か。否定によって開かれる世界とは何か。いよいよ本論に近づく。私なりにメタ論理を追う。まずは、「不一不二」を取り上げる。「一に非ず（不一）」とは、「A≠B」ということである。この条件下で、しかも、「二に非ず（不二）」とは「A＝B」である。それでは「不一不二」とは何か。「(A＝B) and (A≠B)」と表せば良いであろうか。この思考方法は何を意味するのか。

「心」の秘密。

そこに踏み込むにあたり、既に、空海の言語は、私が馴染んだ論理構成法を超えた。数理による思考を超えた。それ故に私は戸惑ったのである。不一不二。そこで語られる例は、水と波の関係である。両者は一にして異なっている。要するに、此処から先に用いられる言語は慣れ親しんだ専門語の一義性から離脱している。否、敢えて、逸脱する。つまり、論理カテゴリー、集合論的な構造、数的構造や、合理と非合理の対立をも、既に、超えた。客観科学の専門語は一つの意味しか持たない。一義的である。

つまり、擬似科学の言葉で思考する限り、如何にすぐれた技法を学んでも、それが先入見となり心の深層には至らない。

先に、精神療法を学ぶほどに私の言葉が枯渇すると述べたのは、臨床の言葉と科学用語を意識的に区別していなかったからである。日常語は神秘を語ることのできる言葉だった。合理と神秘。人間の「知」は、その二つからなる。一方だけを、捨て去ることはできない。要するに、臨床実践では、日常語で話し合い、専門語で考える。二重の思考が不可欠なのである。脚と頭。人間はそのように生きているからである。

ここでフロイトと空海の共通点を指摘しておきたい。「方法としての否定」の重要性である。空海が心のカオスに大きく踏み入るためのツールは、「否定」の力、つまり、「不」という言葉の使用であった。徹底した否定。それを重視したのはフロイトも同じだった。彼は「不気味さ(unheimlich)」の分析において、「不」、つまり、"un"という否定語に注目した。そこにこそ、もっとも、慣れ親しんだ「故郷性(Heimat)」の抑圧をみた。真に人間的なものに至る方法は「否定」によってである。彼はそれを「抑圧」と呼んだ。抑圧とは否定であり、否定によって抑圧されたものは新しく回帰する。彼の語りそれ自体が、既に、メタ論理の世界に踏み込んだ。つまり、彼の語りの価値は、彼が一種の神秘的思考に踏み込んだ点にあった。それ故に、彼は自己の研究を「神話学」と名付けて去った。

空海とフロイトに、随所に類似を見出し、私は驚く。内なる「否定」によってカオスに達する力。人は悪を内に持つからこそ善を思考しうる。この意味で、十悪を知る限り、人は十善を自ずと内に持ち合わせている。親鸞の言葉、「善人なおもて往生をとぐ いわんや悪人をや」。この言葉が今は自然に聞こえるではないか。成程、生きることは苦しく困難なはずである。

5.「あるがまま」

心の探求において、人間の頭脳が大きな壁を超えたとき、何を見るか。

存在は空であって実体がない。実体がないものとして空は存在する（色即是空　空即是色）。ここでも存在と無の二項対立が想定されている。二項対立、そのものが人間の合理が及ばない深みに、思考が踏み込んだことを意味する。合理を超えた思考。ここに至って、色と空のどちらでもない、不一不二なるものが語られる。それが中道である。このように徹底した否定。「不」によって、思考は本来の自由を回復する。言葉は豊かさを取り戻す。自他への執着、ドグマ的な存在論への誘惑から解き放たれる。一人の患者に会う度に、一度は、この道を通る。全ての矛盾を飲み込んだ「密」な世界がそこに開かれる。こうして、私と相手の「心」は自由になる。意外性の体験は、それを可能にする。

その世界は何かから生まれることも滅びることもないもの。そのようにあるもの。「本より生ぜず」

であるから、空海はそれを「本不生」と名付けた。それは確かに在るが、自他の区別を超え、言葉を超え、合理を超えたもの、しかも、そのようにして確かに存在するもの。「あるがまま」として在るもの。

「ありてあるもの」という言葉は、モーゼが神の名を問うたときに神が答えた言葉だという。村上陽一郎は、これを「自ずから然り」と理解して「自然」と同義とする。ほぼ、これと同じ意味に、私は「本不生」の言葉を理解している。それは臨床家の「コツ」とか「勘」を支えている、より深い処。否定が導いてくれる「中道」という場所。メタ論理とメタ言語の場。善と悪、自己と他者のアポリアを包括し、生じることも滅することもないものとして、そこに「心」が改めて見えてくる。

生と死すら一つであるべき処。その論理展開。それは「私」が死の瞬間にならねば実感できない体験であろうか。これから先は、私も読者も、この神秘的言語のレトリックで、論理的思考をする覚悟をしなくてはならない。否、それを楽しめばよい。重ねていう。求められるのは、思考モードの切り替え、飛躍である。「頭の論理」から「脚の論理」へ、「生の論理」へ、「自然の論理」へ、そして「死の論理」へ。このレトリックを読者は理解されるであろうか。確かに、心の臨床はある種、神秘的な言語使用がなければ展開しない。晩年のフロイトも「死の欲動」と「生の欲動」から心を描いた。精神病理学の木村敏は、それこそがフロイトの存在理由であったとすらいう。フロイトの手法、例えば、象徴解釈も抑圧理論も、確かに、不一不二を扱う手法であった。人と人の心はそのようにして通じ合う。合理から飛躍することなしに、治療者は心の琴線に触れる言葉を語れない。深い論理を語ることができない。

「本不生」、即ち、生命、自然。そこから発する「響き」。自然の「響き」が言葉になる。言葉の「響き」には自然の真実がある。共感が成立するのは、この水準においてである。臨床で感じる「おそれ」は、私が秘密に近づいた証拠である。このような論理技法を手に入れておけば、個々の技法は読者各位が、個別的な「自然」に応じて工夫すれば良い。技法は無数にあるから心配はいらない。気を付けるべきことは「おそれ」から目を閉じて、ドグマ、個人崇拝に逃げ込まないことだけである。自分の「心」への洞察に応じて、技法が生きてくるだけなのだ。

既に、私たちは比喩や、シンボルを用いる神秘的思考の世界へと足を踏み入れた。「人間」そのものを視野に入れた。その「ありのまま」の人間が全的肯定として受け入れられるには、もう一つ大きなもの、つまり、「人間」を包括する「自然」、そのものを視野に入れねばならない。ようやく、密教的思考へと一歩、踏み込むことになる。

第三章　自然的自己

ここでは、「心」とは、「自然」のことである。

1．全的肯定

臨床の現実を見た臨床家、特に、若き臨床家には、全的肯定という言葉は、容易に、認めがたい言葉であろう。

天を恨んで、その力で生き残っている人とも出会う。その人を助けられるなどとは、とても、思えない。しかし、そのような時にこそ、治療者として、人間として、無力にとどまることはできる。そのような人の現実から眼を背けまいと決心するならば、それだけで、十分に、全的肯定だ、と私はおもう。

その時、貴方は、既に、あの土居と同じ境地に至っている。

JCOPY 88002-178

治療者としての自己が感じた苦痛に、土居は、自ら説明のできない「隠れた祈り」を発見した。先ずは、臨床家は、「あるがまま」にとどまればよい。全的肯定という言葉を知っていること自体が、「おごり」のない臨床家であるための助けになる。それが力となる。そのように私は理解したが、如何だろう。

ここからの三つの往心は、大乗仏教のなかの密教である。空海の思考の真髄である。釈迦は先ず小乗を説いて、声聞・縁覚の人に、自我中心の執着を除こうとした（我執）。第二に、大乗を説いて、法への執着を除いた（法執）。第三に、雨が草木をうるおすように法華経を説いた。ここで「人間」肯定の思想へと踏み込んだ。

先ずは、第八往心、「一道無為心《いちどうむいしん》」である。ここでは法華経を根本とする天台宗が取り上げられる。最澄による京の比叡山延暦寺、円珍の三井寺、関東、東北には円仁に関わりのある名刹が多数ある。なお、密教各派の差異については、現代の私の理解の範囲を超えている。寺や教義に特徴があるのは分かるが、多分、実際の行を行った者にしか分からない差異が大事なのかとおもう。従って、ここでは密教全体として一応の紹介しかできないので許されたい。

蓮は泥の中に生きるが清浄な花を咲かせる。人も、又、善悪に汚れた中に在っても清浄な自性を持っている。赤子の「ウブ」な心。土居のいう「ウブな甘え」。すべての人にはそれがあり、自分で気付きさえすれば、つまり、「自心を知る」ことさえできれば、誰もが既に仏（菩提）である。「あるがまま」の世界、本不生。すべては、清浄で、不一不二の真理（一如・本浄）に行き着く。

これ以降の密教で語られるのは、全的肯定の世界である。

実は、この「肯定」の部分こそが、私にとっても最も理解しにくい一節だった。専門性の中で思考する限りでは……。数年前に歩き遍路を楽しむまでは……。遍路を歩いた者は、人間がこんなにも「ウブ」な存在だと知り驚かされる。空海が語っているのは、このことに違いないと理屈以前におもう。そして、知る。以前の私の懐疑的思考は研究室での、書斎での自閉的思考、「頭の思考」にすぎなかった。屁理屈であった。脚が「地」についていなかった。一方、遍路の思考は「脚の思考」、「大地の思考」であった。それは空海が何度となく歩いた地での「生の思考」であった。思考パターンそのものを切り替えることが必要であった。

第九往心は「極無自性心《きょくむじしょうしん》」である。華厳経を基とし、聖武天皇の命を受けた良弁創始の奈良、東大寺。そこにある大仏（毘盧舎那仏）のような絶対的な真理を根本に置いている。

「近くして見がたきは我が心、細にして空に偏ずるは我が仏なり。……自心に迷うが故に、六道の波鼓動し、心源を悟るが故に、一大の水澄静なり」

既に、私たちは、すべての人間の中に大自然を見た。もし、それを「仏」という言葉と置き換えるとしたら、既にして、自心が仏であり、自分の心身も虚空と同等だということになる。人は皆、大仏と同じである。「初発心のときに便ち正覚を知る」とする。無限に大きな「虚空」。全てが渾然一体となり、しかも、無垢なカオス。それが「ウブ」な心であった。ヤスパースの「包括するもの」も、これと同じと私はおもう。

2. 自然的自己

空海は第十住心を「秘密荘厳心《ひみつしょうごんしん》」と呼ぶ。ようやく、空海の真言密教の境地に至る。大日経に従い、高野山金剛峯寺をはじめとして、長谷寺、東京の護国寺、今は京都に移された智積院など名刹が多い。空海は彼の思索の中心に「即身成仏」論を置いた。この身このままで既に仏であるという全的肯定の世界である。

先ずは、空海の雄大な自然観を紹介する。本不生、つまり、「あるがまま」の世界。無垢で重々たる真理の世界。それは五大（地、水、火、風、空）でシンボリックに表現される。まず、地とは「本不生」を表す。「本より生じず」。絶え間ない流転。ダイナミズム。それは「あるがまま」の存在のことである。五大によって構成された「ムク」で「重々たるカオス」のことである。それは彼が愛した四国の自然そのものである。

「水」とは「縛字離言説」である。真理が「言説、つまり、言語を超える」ことを表している。四国の行脚で水に触れたときの清涼さを連想させる。

「火」とは「清浄無垢」、清濁、全てを焼きつくす火。つまり、「妄念分別を解脱した清浄さ」を表す。我執と法執、つまり、「とらわれ」から自由になった姿、つまり、ドグマから自由になった思考であろう。

「風」とは「因業不可得」である。因果的思考は因果の連鎖に導くだけで、私たちを確かな答に導くことはない。自然科学的な因果論から自由にならないと自然は見えない。

「空」とは「等虚空」である。つまり、四国の膨大な空と海のように、「虚空の如く無碍平等な無限の広がり」を表す。


これら全てが、近代合理主義からは学べない発想であり、むしろ、現代人への警告ととると分かりやすい。自然は、そのような膨大な五大から構成されている。そして、「私」も、又、自然の一部として、同じように構成されている。そのように自然と一体の自己を、空海は「即心」と名付けた。一方、五大は自然への「おそれ」をも表す。地震、津波、火災、暴風などの自然の脅威でもある。それ故に、大慈悲のシンボルである大日如来のもとに、憤怒のシンボルとして、不動明王を置いた。東日本大震災という未曾有の自然の猛威の前でこそ、人は人間本来の「ムク」な姿を見せてくれた。空海はそのような現実を沢山見たにちがいない。やはり、臨床の初心者が感じる「おそれ」は、内なる「自然」との出会いであった。

仏が何かは分からないという私でも、最近、実際に「仏さま」に会った。唐突な言い方であるが、そのエピソードを紹介する。

ある企業の健康管理業務である。

中年の男性が統合失調で長期休職した後に復職するか否かについて、健康管理部門としての意見を決めなくてはならなかった。産業医、上司等々で、話し合った。状態は落ち着いているが、業務能力の低下は否めない。ところが、半日勤務で復帰させ、その後、全日勤務に戻れなくても復職させて良いという方針が職場から出された。このような方針が職場から出されるのは、例外中の例外である。

『それでは、他の患者の復帰と不平等になる』と私は疑義を出した。

しかし、担当の産業医と上司は、復帰させたいという。私は、この特例が不平等ではないという根拠を探さねばならなかった。

『実際に半日しか働けないのに、職場が喜んで受け入れるという根拠が欲しい。余程、本人の人柄が愛されているのですか』

「実は、その通りです。彼ならば、私以外の職場でも受け入れて良いと言ってくれる処が幾つもあるのです」

世知辛い時代に、おとぎ話のようである。

『そうですか、人を癒すタイプなのですね。「仏さま」みたいな人なのですね』

「そうです」と、関係者と産業医が大きく肯く。

長期療養を経て、そのような豊かな自己を身に付ける人は少なくない。

『職場も会社も、復職に賛成は間違いないのですね。その条件を充たすならば、他の職場と不平等にはならないと思います』

私たちは、そう確認して、復職が決定した。困難な病は人に不幸を与えるだけではない。その人、自身が、私たちが忘れかけた何かを、伝道者のように運んできてくれる。そのような体験だった。心の臨床家が患者に癒されたのである。

先日、私が何時ものクリニックに出勤した時である。

既に、職員も、他の患者さんも、沢山、集まっていた。その殆どは、何十年もの経過をもった統合失調症の患者たちであった。これから、一日が始まるという緊張感がある。そんな中、着古したナチュラルカラーの服の、小太りで初老期の患者さんが、親しげな笑顔で、私に話しかけてきた。彼は無名の文人であった。

「先生、ドンクサイね」

今まで、話したことのない外来患者さんだったので、私は苦笑した。

「先生、本当にドンクサイよ。お医者さんらしくなくて良いよ」

こんな風に褒められたのは、初めてだった。そう言われてみれば、私は彼と同じような服装をしていた。その時、ふと、思い出した。まだ、私が三十代の頃、私が世話になっていた先輩が、ある会合で私を紹介した。

「彼はダンディな服を着て、格好よくなろうとしているようだけど、中身はドンクサイ男だと私は思っています。ですから、思いっきりドンクサイ仕事ができる人間になって欲しいと思います」

あれから、何十年たったろうか。やっと、先輩のアドバイスに応えられた。私はようやく、力みが取れて、私の「あるがまま」の姿で人に接するようになった……かも知れない。フッと、そう思った。

そして、その男に返事をした。

『ありがとう』

彼も私も居合わせた人も、皆、愉快そうに笑っていた。

その患者さんと私とは、異なった人生を歩んだ。しかし、行き着いたところは同じで、どちらも、「ドンクサイ」ところだった。本当は、私は、まだまだ、彼の「ドンクササ」には遥かに及ばないのだけれど……、まあ、それでも良い。背伸びすることはない。彼が認めてくれたのだから……。若い方の職場の何処かに、そのようなドンクサイ先輩がいると思う。それが、私である。


長い間、臨床をしていた人ならば、似たような体験を、皆、しているとおもう。

「ドンクサイ」とは、社会的な欲得から、少しは自由になった、「あるがまま」の人間の姿なのだ。そのような人が心の臨床には沢山いる。そのように私が思ったのは、私には遍路体験があったからだ。そこには、五大、つまり、大自然の中での「あるがまま」の全的肯定の世界があった。彼は遍路で出会った人たちと似ていたのだ。

若い臨床家は「ドンクサイ」必要は全くない。若い方は「あるがまま」に初々しく、真摯で、スマートで、かつ、貪欲であればよい。初心が一番、強い。それにもかかわらず、定型の解釈で「分かった振り」をしない。患者と共に歩む。否、後ろから付いていく。「手探りの探索者」でいれば良い。不安が大きいとは、未来と希望が沢山あるということである。それが「力」である。それ故に、只、患者と一緒にいればよい。専門知識は、既に、学んでいるのだから、使えない知識は使う必要はない。「あるがまま」が、一番、人に希望を与える。私は、今でも、そういう存在でありたい。しかし、私には初心者力が衰えているだけなのだ。

ここで私は、私の遍路体験の一部を紹介しよう。

「歩くことが生きることであるとき、清涼なる水こそが至高の安らぎであった。峠の湧き水に喉を潤し、畦のせせらぎに火照った足を冷やす。歩く者が生きる喜びを知るには言葉はいらない。清涼なる水さえあればよい。水に足を浸す。急ぎのときは杖だけでも水に浸す。私の足が涼しくなる。杖を浸すには水が遠すぎるとき、一瞬、水に目をやり、水の音を聞く。それで心が涼しくなる。

日が登ると共に歩み、日照りを畏れて木陰を求め、日が落ちるとともに寝る。歩くことのほかに何もなし。歩くことにおいて妄念の余地なし。日の下には不浄なるもの何もなし。日に肌が焼かれるのを恐れるのみ。

歩くことに疲れ飽いたとき。歩くことの理由を問い、問に迷う。そのとき風がそっと背を押してくれる。風に吹かれ、私も風になる。風になったとき、もはや、歩く理由を問い続けることを忘れる。

大きな空、大きな海。私一人。空と海。その広がり。その『響き』のなかで遍路に与えられるのは、誰にも平等に、唯、歩くことだけだった。それが生きることだった……」（「あそび遍路」）

あの患者さん達は、東京という大都会においても、人生を遍路のように生きているに違いない。困難な病気が彼に与えてくれたのは、単なる苦痛だけではなかった。「あるがまま」の「生」を素直に生きることでもあったろう。

第四部　「あるがまま」の思潮

六十年ほど前、土居は日本の精神分析の祖とされる古沢平作に監督分析（教育分析のこと）を受けていた。古沢は彼の仏教的な信仰に基づいて、「とろかす」ような母親の愛こそが患者を癒すと語っていた。「とろかす」は、勿論、他動詞であり、そこに、人の受動性は表現されていない。土居はこの点が如何ようにも納得がいかなかった。人は神のように完全ではない。人は内なる自然に対しても畏れる存在でなくてはならない。土居はそう思ったのであろう。結局、土居は古沢から離反した。そして、受動性を表す「甘え」の欲求を考えた。

「とらわれ」と「あるがまま」。

心を「とらわれ」から解き放ち「あるがまま」の自己を見出す。それが空海の「即心」であるが、私はこれを現代語として「自然的自己」と翻訳してみた。如何だろうか。「あるがまま」は森田正馬による森田療法の中核的な考え方でもある。それは私の臨床に大きな影響を与えた、謎の言葉であった。遍路にいるとき、私は森田の言葉と空海の言葉が、ほぼ、同じであることに気付き驚いた。ここで私はその言葉の真のルーツに至ったと感じている。

調べてみると、森田が高知の野市町の人であることが分かった。彼が生まれ育った生家の近くには、第二八番札所、大日寺がある。その彼が空海の即心成仏論と遍路を知らないはずはない。私の四国遍路の体験も、まさに、「あるがまま」の世界であった。この点を森田療法家でもある丸山晋先生と発見し、文字通り手を取り合って喜んだ。森田も遍路を歩いたのだろうか。関係者に、森田の思考のルーツについて更なる研究を期待するのは、私だけではあるまい。

さらに、偶然で必然の一致がもう一つある。森田を受けて「甘え」と「とらわれ」の心理に注目したのは、他ならぬ土居であった。しかも、土居の父は愛媛県の久万高原の人だった。彼の父自身が祖父に一度は四国遍路を歩くようにと言われていたという。久万にある遍路の第四五番岩屋寺は土居が父を思い出す、懐かしい地でもあった。私の関心が自ずと四国へ、空海へと向いたのは、このような偶然、即、必然があったからだ。四国は、私にとって、多くの謎が集約した全的肯定の地であった。

この文章を書いている、今、丸山氏のご尽力で、私たちは森田療法センターを訪問させていただいた。現場を担う医師から、簡潔で、有意義な話をうかがった。患者の強度な「死」の不安、乃至は、「おそれ」の背後に、生きたいという「願望」が、表裏一体にある。「死」の恐怖と「生」の願望はコインの表裏である。患者が「死」の恐怖心を不可避なものとして受け入れた時、受け入れることで、肯定のメカニズムが作動する。そのような、「不一不二」の思潮が森田の臨床には、今なお、脈々と息吹いていた。

一人一人の患者が自己の恐怖心に突入し、自力で将来を切り開いていく。森田は、それを恐怖突入と名付けた。それに立ち会う臨床家一人が、臨床の恐怖から逃げられるはずもなかった。

「生・死」、それは「内なる自然」であり、「自ずから然り」として、「あるがまま」にして、一つであるということか。フロイトが最終的に行き着いた「死の欲動」と「生の欲動」という二項対立。彼に、もし、「不一不二」の知恵があったならば、それが、コインの表と裏からなる「一なるもの」だと云えたのであろうか。それは、現代の日本にいるからこそ、見えてくるものだった。

私は「心の臨床」を、長い間、学んできた。それは、主に、西洋医学と西洋哲学であった。そして、臨床の師・土居の「知」を支えるキリスト教信仰と精神分析をたどって、私が行き着いた地は……、私が土居の中に最後に見たものは……、それは意外にも、四国の素朴な自然信仰、アニミズム、「中空の祈り」であった。私は、そこに、万人に共通で、真にグローバルな「隠れた願望」を見た。

臨床における「心」の学習とは、私にとっては、このように成されるものだった。

この点を、臨床家として、もう少し、詳しく記述する。心の臨床では、否応なく、「生きた人間」に出会う。その人の宗教・思想、人種、性、年齢、職業の如何に関係なく、同じように、臨床家は人と出合う。それが治療者の「中立性」の意味である。何故、それが可能なのか。この時、治療者は目の前の患者の中に「何」を見ているのか。

人と人を結びつけ、「共感」を可能にする「何か」。それが、個人を超えて万人に共通に存在し、自他を結びつけている。そのような「何か」が自明なこととして、治療者は、既に、振舞ってしまっている。そこに、自ずと見えてきたもの、「自ずから在るもの」、「自然」。それを、土居は「ウブな甘え」と呼び、空海は「無碍ニシテ瑜伽」、つまり、ムクで一体なもの、つまり、「即身」と呼んだ。その自然が、否応なく、生死を含む故に、如何に過酷なものであろうと、臨床家として、それから目を逸らすことはできない。そのような自然が、私の内にも共通してあるとおもう。それ故に、「あるがまま」という言葉が肯定的な意味を持つ。それが、土居のいう「隠された祈り」の、私なりの理解だった。私が土居から学び、臨床家としての「欠如」感覚の中に見出した「何か」とは、そのような「隠れた信仰」だった。技法を生きたものにするのは、私が土居から学んだ、その「隠れた信仰」つまり、「隠れた願望」に他ならない。

臨床において、「自然」とは、先ずは、患者の日常の営みそのものである。

何を専門としていても、臨床家は現実から眼を離さない。つまり、私は、「自然」という言葉で、先ずは、日々の生活活動の一つ一つを想起する。どのように起きて、何を食べ、何処に行き、何を考えて、何をなして、如何に休むか。健康科学の三要素は、睡眠、運動、食事である。自然環境とは、日と月と星と闇、気温、大気、水、その中での日常性な一つ一つこそが、「自然」である。フロイトの言葉でいえば、「実際性（Wirklichkeit）」が基礎にある。そこに、「生」を貫く深い願いがある。フロイトのいう「心的な実在（psychische Realität）」が作動する。

病んだ人の多くは、日常的で当たり前のことを求めて相談にやってくる。「生」の日常への関心が欠けたままで、幼児体験や外傷体験ばかり探っていては、「心」の無限のカオスに自己を見失う。事情は学生相談や、産業保健相談、地域相談でも同じである。重ねていうが、「生」の相談活動を基盤にして精神療法が成立する、その逆ではない。

さり気ない世間話があって、初めて、深い精神療法となる。

人の頭脳は誤るものである。統合失調症では、知覚が人を誤らせる。うつ病では、抑うつ的思考が人を決断不能にする。神経症では、生きようとする企てが「生」を窮地に追い込む。それは、治療者である「私」が誤るのと同じメカニズムである。そのような治療者が、人の「心」に関わろうとする。己の頭脳を超えて、他者の内なる「自然」の「響き」を感じ取り、「声にならない声」を聞く。そこに「あるがまま」の人間を見る。それまで、「おそれ」であった臨床の営みが、「自然」への畏敬であったと知る。既にして、患者と私は、共に、助け合っていたと気付く。それが心の臨床だった。

JCOPY 88002-178

既にして大空のように膨大で、無限の大自然と一体であり、「あるがまま」にして、否応なく全的肯定であるもの。自然の発現として、我が身そのもの、そのようなものとして、「心」がある。そこにおのずから、持斎心と大悲があった。

これが私の理解した空海の思考だった。私の頭脳で語れる限界はここまでである。これ以上は私には不可能である。

畢竟するに、「心」とは「自然」であった。

これから先は、むしろ、心の臨床家各位が、自ら、臨床で探索の旅をしたら良い。否、臨床で患者と一緒に探索するのが良い。患者と共にする心の旅の楽しさ。「おそれ」が「肯定」に変化する不思議を、心の臨床家は体験できるのである。若い読者にも、その肯定感を、是非とも、味わっていただきたい。心配しなくても良い。いつか、必ず、臨床が貴方に、それを教えてくれるとおもう。それこそが、「自然」な成り行きだとおもう。

その一助に本書がなれば、私の望みは達したことになる。

最後に、ふとした日常的会話が、治療者の「隠れた願望」を患者に伝え、「響き」として、深い心理的反応を引き起こし、治療者に投げ返されたエピソードを紹介する。

前述のヒカリとの会話である。

『良いお年を』

私が彼女に声を掛けると、その人はハッと振り向いて診察室を出た。ただ、それだけだった。それから何ヶ月か経って、その人は私にいった。

「良いお年を。あの言葉が嬉しかった。私にも新しい年があるのだと思った」

彼女は全てに恵まれた環境で育った。しかし、それは彼女には殆ど意味がなかった。彼女の心は強い死への衝動に支配されていたからである。死に憑かれた者の時間は、その時、その時が一つの切り離された点であった。次の瞬間は存在しなかった。明日はなく、新しい年もなかった。時間そのものが死んでいた。

『良いお年を』

それを聞いたとき彼女は思ったという。

「私にも新しい年があるのだ。新しい年が私に来ても良いのだ。私は生きていても良いのだ」

私は今年も診察室を出る方にいうだろう。

JCOPY 88002-178

『良いお年を』

多くの方はにこやかに返礼して退出するだろう。そして、私もこの仕事を続けていて良かったとおもうだろう。当たり前の言葉を当たり前にいう。そのことの大切さを私は彼女から学んだ。

最後に、この難解な部分まで読み進まれた読者の皆様に一言だけ……。

『最後まで、お付き合いいただき、ありがとう』

おわりに

全て書き終えて、私はおもう。

私が先達から受け継いだ言葉を、後進の者に語り継げただろうか。

むしろ、読者は、たった、これだけのことを言うために、これほどの年月と思考が必要だったかとあきれるであろうか。しかし、私には、これを書く必要があった。土居先生との約束を果たした気がする。そして、私の肩が、すこし軽くなった。これが、私の思考力の限界である。及ばない点は、ご容赦いただきたい。これ以上は、読者ご自身の力で創造的に語り継ぎ、各自の足元から、「心の臨床」という大きな潮流を創っていただきたい。

私は本書に引用文献を付けなかった。私は、私自身が馴染んでいた引用文献的思考から開放され、自由に思考したかった。それは村上陽一郎先生が、時に、用いた技法のコピーであった。但し、引用文献に関心ある方のために、私の書いた本の一覧を巻末に加えた。

ここでの記述は、それが患者さんであれ、「著名な他者」であれ、私が直接、間接に出会った人たちとの出会いに基づいている。つまり、基本的には、その全てが、何らかの意味で、私の脚で歩

JCOPY 88002-178

き、学んだことである。そして、私がお会いし、私に知恵を与えてくださった皆さまに、ここで、心から礼をいう。なお、私を支えてくれた海外の同胞たちは、私のルーツに関心をもった。本書は彼らに刺激されて書いたといっても過言ではない。日本語であるにもかかわらず、彼らに答える積りで書いた。

「七十にして心の欲する所に従いて矩《のり》を踰《こ》えず」とは孔子の言葉である。

私はここで自由に論じた。それが、私の齢に応じて、良識的な真理から逸脱していないこと。将来を担う者を、「誤った信仰」に導かなかったことを心から願う。

そして、本書の評価は、全面的に、未来を担う若き読者に委ねる。

東西の先達の「知」が、貴方の臨床論に引き継がれ、貴方がそれを後輩に語りつぎ、「心の臨床」という当たり前の潮流となるために、本書が少しでも役に立てば、私は満足である。

生前、私の著作活動を支えてくださった新興医学出版社の故服部治夫氏に、本書を捧げたい。何処かで、喜んでいて下さる気がする。そして、彼の遺志を継いで、今回も、今までにないような特異な本書の出版をも快諾してくださった同社の林峰子さんに、心から礼をいう。

二〇一四年一月一日　　筆者

著書一覧

「甘え」理論の研究―精神分析的精神病理学の方法論の問題　星和書店、1984
「甘え」理論と精神療法―臨床における他者理解　岩崎学術出版社、1993
臨床人間学―インフォームド・コンセントと精神障害　新興医学出版社、1994
医学がわかる疫学　第3版（監訳）　新興医学出版社、2004
死の欲動―臨床人間学ノート　新興医学出版社、2000
面接法　新興医学出版社、2002
精神疾患の面接法　新興医学出版社、2003
社会医学がわかる公衆衛生テキスト改訂6版（編著）　新興医学出版社、2006
メンタルヘルス原論　新興医学出版社、2004
障害ある人の語り―インタビューによる「生きる」ことの研究　誠信書房、2005
心の探究―エビデンスと臨床　誠信書房、2006

JCOPY 88002-178

「甘え」とスピリチュアリティ─土居健郎、フロイト、空海、そして「私」
新興医学出版社、2009
あそび遍路─おとなの夏休み　講談社　2010
面接法2─方法論的意識をめぐって　新興医学出版社、2012
肯定の心理学─空海から芭蕉まで　新興医学出版社、2012

著者紹介　熊倉　伸宏（くまくら　のぶひろ）
1969年　東京大学医学部卒業
1978年　東京大学医学部助手
1981～1982年　英国Fulbourn病院，およびMRC精神医学研究所に留学
1988年　東邦大学医学部助教授
1994年　東邦大学医学部教授
2006年　メンタルヘルス・コンサルテイション研究所開設　現在に至る

著書
「甘え」理論の研究（伊東正裕共著）星和書店　1984,「甘え」理論と精神療法　岩崎学術出版社　1993, 臨床人間学　新興医学出版社　1994, 医学がわかる疫学（監訳）新興医学出版社　1996, 社会医学がわかる公衆衛生テキスト（編著）新興医学出版社　2000, 死の欲動　新興医学出版社　2000, 面接法　新興医学出版社　2002, 精神疾患の面接法　新興医学出版社　2003, メンタルヘルス原論　新興医学出版社　2004, 心の探究　誠信書房　2006,「甘え」とスピリチュアリティ　新興医学出版社　2009, 面接法2　新興医学出版社　2012, 肯定の心理学　新興医学出版社　2012

© 2014　　第1版発行　2014年4月19日

心の臨床　（定価はカバーに表示してあります）

検印省略

著者　熊倉伸宏

発行者　林　峰子
発行所　株式会社　新興医学出版社
〒113-0033　東京都文京区本郷6丁目26番8号
電話 03(3816)2853　FAX 03(3816)2895

印刷　株式会社 藤美社　ISBN978-4-88002-178-2　郵便振替　00120-8-191625